평범한
내 아이 🏃 **스포츠 영재**
만들기

평범한 내 아이 **스포츠 영재** 만들기

초판인쇄 2022년 12월 1일　**초판발행** 2022년 12월 13일

글쓴이 조현　**펴낸이** 오상민　**펴낸곳** 신사우동 호랑이　**출판등록** 제 2021-000034호

주소 서울시 송파구 송파대로 28길 20, 세화빌딩 505호

전화 010-3234-4873　**팩스** 0504-328-4873

전자우편 sin_tiger@naver.com　**블로그** blog.naver.com/sin_tiger

ISBN 979-11-976786-3-9 (13690)

ⓒ조현 2022

Making my ordinary child, a **sports gifted**

평범한
내 아이  스포츠 영재
만들기

조현 지음

신사우동호랑이

골프라는 작은 돛단배

　나에겐 딸이 있다. 프로야구 LG 트윈스에서 활약하던 시절에 일찍 결혼해서 아이를 얻었다. 큰 축복이었다. 세상을 다 가진 것처럼 기뻤다. 아이는 내가 인생을 살아가는 이유이자 삶의 원동력이었다. 딸이 원하면 밤하늘의 별이라도 따다 주고 싶었다. 정성을 다해 애지중지 키웠다.

　그런 딸에게 한 가지 바람이 있었다. 골프선수로 키워보고 싶었다. 내 신체 조건과 운동신경을 닮았다면 운동을 못 할 이유가 없다고 생각해서 일찌감치 '운동선수의 길을 걷게 하면 어떨까?' 하는 생각이었다. 내가 선수로서 이루지 못한 꿈을 아이가 대신 이뤄주는 상상을 해보기도 했다.

　아이가 3~4살 때부터 여러 운동을 놀이처럼 시켜보았다. 골프는 물론이고 야구, 축구, 복싱, 수상스키, 겨울엔 스키와 스노보드, 심지어 MTM 학원에서 연기와 댄스까지 배우게 했다. 골프와 관련된 장난감은 안 사준 게 없는 것 같다. 어릴 적 다양한 신체 경험이 골프에 도움을 줄 것이라는 판단에서였다. 그때부터 아이를 유심히 관찰했다.

하지만 아빠의 기대와 달리 아이는 골프에 별다른 관심과 흥미를 보이지 않았다. 조금 실망스럽긴 했지만, 인내심을 가지고 기다려보기로 했다. 그러던 어느 날, 아이로부터 장문의 문자 메시지가 도착했다.

"아빠, 나 골프 해볼게요."

장문의 문자 메시지에서 이 한 문장만이 내 눈으로 들어와 무겁고 뜨겁게 가슴으로 스며들었다. 절대로 가벼운 결정이 아니라는 걸 알 수 있었다. 그동안 얼마나 깊이 고민을 했는지 한 문장 한 문장에 아이의 진중한 속내가 묻어나 있었다. 그때 아이는 이미 중학교 3학년이었다.

생각보다 많이 늦었지만, 나에겐 참으로 반가운 일이었다. 아이를 위해 무엇을 해줘야 할지 하루하루 행복한 고민이 시작되었다. 더 행복했던 건 서먹했던 부녀간에 공통 관심사가 생기면서 대화가 늘어났다는 점이다. 아이와 가까워져서 행복하지 않을 아빠는 세상에 아무도 없을 것이다. 우리 부녀는 골프라는 작은 돛단배에 올라타 행복을 향한 긴 항해를 시작했다.

그런데 아이를 지도하려고 보니 참으로 막막했다. 내겐 너무나도 익숙한 스파르타식 교육으로 아이를 가르치는 것이 옳은 일인지 확신이 들지 않았다. 결국, 아이들의 스포츠 교육에 필요한 운동성장발달 트레이닝 이론을 다시 공부할 수밖에 없었다. 많은 책을 읽으면서 여러 전문가의 이야기에 귀를 기울이게 되었다.

다행히 아빠를 잘 따라준 아이는 운동 시작 3년 만에 프로골퍼가 되었고, 골프 지도자로서 주중에는 일반인을, 주말에는 복지관 아이들을 가르치면서 행복하게 살고 있다. 아이에게 최소한의 도리는 한 것 같아 큰 보람을 느낀다. 이 책은 시행착오의 연속이었던 그때의 경험담이라 할 수 있다.

원고를 정리하는 과정이 쉽지만은 않았다. 스포츠를 전공하고, 두 가지 종목에서 프로가 된 내가 스포츠에 얼마나 무지했는지 똑똑히 알게 되었다. 많은 사람의 이야기를 경청하면서 내 생각과 다른 사람이 많다는 것도 깨달았다. 내 지도 방식이 정답이 아닐 수도 있다는 생각이 들기도 했다. 큰 혼란이었다.

난 모든 사람의 의견을 존중한다. 그들의 지도 방식과 철학도 존중한다. 하지만 절대로 타협할 수 없는 한 가지가 있다. 아이들에게 스포츠는 결과보다 과정, 성적보다 내용, 우승보다 보람과 행복이 우선되어야 한다는 점이다. 아이들이 어린 나이에 일찌감치 승부에 집착하거나 부담을 가지면 승리욕만 강해지고 창의력은 떨어진다. 그 결과는 참혹하다. 내가 다치거나 상대를 다치게 한다. 이기기 위해 규칙도 위반한다.

아이들의 성장과 경기력은 농사꾼이 씨를 뿌려 수확하는 과정과 다르지 않다. 어느 날 갑자기 사과나무에 사과가 달리지 않듯이 한잠 자고 일어났다고 해서 없던 경기력이 생기지 않는다. 오랫동안 꾸준히 성실하게 씨를 뿌리고 물을 주면서 기본기를 익혀야만 하나씩 열매를 맺는다.

나는 아이들이 경기에서 이겼을 때의 짜릿함보다 최선을 다해서 협동하고 즐겼을 때의 보람을 먼저 느꼈으면 한다. 자기 플레이에 맛을 내거나 맛을 느끼지 못하는 아이가 이기는 것부터 배우면 선수 생활을 건강하게 오랫동안 하지 못한다.

경쟁을 회피하려는 것이 아니다. 인간 사회에서 경쟁은 숙명이다. 태어나면서부터 경쟁이 시작된다. 피하려야 피할 수 없다. 경쟁은 하되 건강하고 건전한 경쟁을 가르쳐야 한다는 뜻이다.

축구 스타 손흥민의 아버지 손웅정 감독은 자신의 저서 『모든 것은 기본기에서 시작한다』에서 '큰 부모는 작게 될 자식도 크게 키울 수 있고, 작은 부모는 크게 될 자식도 작게 키운다'라고 강조하고 있다. 누구라도 고개를 끄덕이게 하는 문장이다.

물론 아이를 키우는 데는 정답이 없다. 같은 전문가라도 의견이 다르다. 영재를 바라보는 관점도 다르다. 내 의견도 다르다. 내가 두 종목에서 프로가 되어 여러 아이를 지도하면서 내린 결론은 '영재는 타고나기도 하지만, 길러지기도 한다'라는 점이다. 즉, 평범한 아이도 영재로 키울 수 있다. 그래서 책 제목도 『평범한 내 아이 스포츠 영재 만들기』로 정했다.

　책을 준비하는 동안 많은 사람이 도움을 주었다. 특히 프로야구 LG 트윈스 출신 ⒤상훈이 형과 ⒤현배 형, ⒢광현이 형, ⒮윤호, ⒝용택이, 배명고 야구부 동문 장준혁, 윤근주, 김유봉, 김성배, 절친 프로골퍼 ⒣인춘이, ⒮경서, ⒨경준이, 프로농구 ⒥희철이 형, ⒝영진이, 축구 국가대표 출신 김도훈 감독님, 축구선수 출신 배우 조한선에게 고마운 마음을 전한다. 내가 프로골퍼로서 제2의 인생을 시작하기까지 마음고생 많았던 부모님과 장인·장모님, 사랑하는 아내, 그리고 이 책의 주인공이라 할 수 있는 딸 해연이에게 특별히 고마운 마음을 담아 보낸다.

2022년 11월

조현

차례

1장

스포츠 영재 바로 알기

10%의 천재성을 타고나지 못해도 90%의 노력으로 얼마든지 천재성을 따라잡을 수 있다. 단, 90%의 노력에는 뚜렷한 목표와 계획, 치밀한 전략, 과학적이고 체계적인 훈련, 그리고 성실성이 담보되어야 한다.

내 아이, 혹시
스포츠 영재일까?

내 아이가 스포츠 영재로 보이는 이유

"우리 아이 운동하는 것 좀 봐주세요. 가능성이 좀 있습니까?"

평소 이런 상담이 종종 들어온다. 최근 몇 년 사이 우리 골프아카데미에 아이와 함께 찾아와 골프 스윙을 봐달라는 손님이 부쩍 늘었다. 아이가 스포츠 영재인 것 같다며 의기양양하게 스윙을 시켜보는 손님도 있다.

내가 아는 다른 스포츠 지도자들에게 물어보니 모두 나와 똑같은 경험을 자주 한다고 했다. 우리 주변에 스포츠 영재가 많은 것인지, 아이를 스포츠 영재로 키우고 싶은 부모가 많은 것인지는 잘 모르겠지만, 우리나라 부모들의 자식에 대한 교육열은 체육계라고 크게 다르지 않은 것 같다.

조금 안타까운 건 부모의 자식 사랑이 지나친 탓인지 아이의 운동신경과 잠재력을 과대평가하는 경향이 있다는 점이다. 내겐 그저 평범한 아이로 보일 뿐인데, 부모의 눈에는 스포츠 영재로 보인다고 하니 난처한 건 늘 내 몫이다.

아이를 테스트해봐도 또래의 다른 아이들에 비해 그다지 뛰어나지 않은 경우가 대부분이다. 운동을 일찍 시작해서 어느 정도 경험이 있는 아이들과 비교하면 나은 점이 없다. 오히려 못하는 경우도 많다.

지금껏 내가 스포츠 영재라고 소개받은 아이 중에서 20~30%만이 미래가 보였다. 대선수가 될 자질이 보였다기보다는 '잘하면 운동해서 밥은 먹고 살 수 있겠다' 싶은 아이들이었다. 대다수 아이에게선 그만한 재능도 발견하지 못했다.

내 좁은 식견과 혜안으로 아이의 미래를 판단한다는 건 매우 위험한 일이다. 내가 그럴 자격이 있는지, 아이와 아이 부모에 대한 무례가 아닌지 염려스러운 마음도 없지 않다. 아이가 원한다면 시키면 그만이고, 원하지 않으면 시키지 않으면 그만인 것을…. 아이의 영재성 유무를 기어코 확인해야겠다는 부모의 마음을 어디까지 이해해야 할지 모르겠다.

그렇다면 부모들은 왜 자기 아이의 운동신경과 잠재력을 부풀려 평가하는 경향이 있는 것일까? 나는 네 가지 원인으로 분석하고 있다.

첫 번째는 스포츠 영재의 기준이 모호해서다. 영재의 사전적 의미를 보면 '뛰어난 재주를 가진 사람'이다. 즉, 또래에서는 보기 드문 실력을 갖춘 아이다. 여러 아이가 비슷한 재능을 가지고 있다면 영재로 보기 어렵다.

뇌과학적으로는 특정 기능영역(다중지능) 검사나 웩슬러 지능검사를 했을 때 전반적인 지능이 일반 아이들에 비해 뚜렷하게 높은 아이[1]를 영재라고 한다.

1972년 미국에서 발표된 『멀랜드 보고서Marland Report』에 따르면 영재는 6가지로 나뉜다. 지적 능력, 특정 학문 탐구력, 창조적 · 생산적 사고 능력, 지도력, 시각예술 · 무대예술 예능, 운동능력(체육 특기)이다.[2] 운동능력은 영재성에서 제외해야 한다는 주장도 있었으나 영재의 범위를 넓게 해석하면서 6가지 영역에 포함되었다.

스포츠 영재는 일반 영재들보다 판별이 더 어렵고 모호하다. 일반 영재처럼 뇌과학적인 측정 기능영역이 전혀 없다. 누군가의 눈이나 감각으로 판단해야 한다.

일반적으로 스포츠 영재라고 하면 한 가지 스포츠 종목에서 또래보다 특출난 재능을 가진 아이를 말하는데, 얼마나 특출나야 스포츠 영재라고 할 수 있는지 판단할 기준이 없다. 어떤 이는 한 가지를 가르쳤을 때 여러 가지를 응용하는 아이가 스포츠 영재라고 하고, 어떤 이는 가르치지 않아도 타고난 감각만으로도 또래보다 월등히 잘하는 아이를 스포츠 영재라고 말한다. 또 어떤 이는 재능은 있으나 주의가 산만하고 부산스러우며 자기만의 방식에 집착하는 아이가 스포츠 영재의 특성이라고 주장한다. 학업 성적이나 지능지수와 상관없이 한 분야에 남다른 집중력과 능력을 발휘하는 아이가 스포츠 영재라고 말하는 사람도 있다. 같은 스포츠 영재라도 선천적으로 타고난 스포츠 영재와 후천적으로 길러진 스포츠 영재가 있다면서 스포츠 영재의 범위를 넓게 봐야 한다는 사람도 있다.

전부 맞는 말일 수도 있고 틀린 말일 수도 있다. 관찰자에 따라서, 시대에 따라서 스포츠 영재에 대한 해석이 다를 수 있으나 여전히 정답은 없다. 관찰자가 누구냐에 따라서 스포츠 영재가 될 수도 있고, 평범한 아이가 될 수도 있다. 한 가지 확실한 건 '부모의 눈에 특출하고, 또래보다 뛰어나다고 해서 반드시 스포츠 영재라고 할 순 없다'라는 단순한 논리뿐이다.

두 번째는 아이들의 성장 속도 차이로 인한 오해다. 대다수 종목은 키가 크고 힘이 강한 사람에게 유리하다. 비슷한 실력이라면 신체 조건과 힘이 좋은 사람이 그렇지 않은 사람을 압도한다. 만약 내 아이가 또래보다 신체적 · 체력적으로 월등하다면 한 번쯤은 '내 아이가 스포츠 영재일까?'라는 생각을 가질 수 있다. 그런데 이런 경우도 스포츠 영재라고 단정할 수는 없다. 아이늘의 성장 발달 속도에 개인차가 있기 때문이다.

즉, 성장이 빠른 아이는 또래보다 성장이 일찍 둔해지거나 멈출 가능성이 크다. 그러면 늦게 성장을 시작한 또래와 체격이 비슷해지거나 오히려 작아질 수 있다. 결국, 어릴 적 유일한 무기였던 큰 신장과 힘은 더는 위력을 발휘하지 못한다.

세 번째는 부모들의 조바심과 불필요한 책임감이 원인이다. 내 아이는 나보다 나은 환경에서 교육받아 성공하길 바란다. 그 길을 열어주는 것이 부모의 도리라고 생각한다. 부모의 마음은 한결같다. 아이에게 숨겨진 재능이 있다면 하루빨리 발굴해서 육성하고 싶은 마음이다. 혹여나 아이의 재능을 발굴하지 못해서 영재성을 썩히는 건 아닌지 조바심이 앞선다. 그래서 여러 운동을 시켜보면서 한 가지 종목에 조금이라도 흥미나 재능을 보이면 전문가를 찾아가 상담받는다.

네 번째는 아이들의 일시적 관심과 흥미에 함정이 있다. 아이들은 일찍부터 유난히 관심을 보이는 대상이 있을 수 있다. 예를 들어서 달력의 날짜, 시계 같은 숫자에 유난히 관심을 보이기도 한다. 18~24개월 사이의 어린아이가 숫자에 관심을 가지면 수를 빨리 익히게 된다. 이 과정에서 많은 부모가 아이를 영재로 오해한다. 그것은 아이가 유난히 한 분야에 관심이 많아서 반복적으로 노출되는 일시적 현상일 뿐 진짜 영재여서는 아니라는 게 전문가들의 진단이다.

운동에서도 한 가지 종목이나 도구에 관심을 보이면서 재능을 드러내는 아이가 있다. 그러나 아이들이 자라면서 다른 분야에 관심을 가지면 이전의 재능은 보통 아이들과 비슷해진다. 아이가 보이는 몇 가지 특성 때문에 아이를 영재로 굳게 믿고 영재 교육에 빠지면 오히려 부정적인 면이 생길 수 있다.[3]

운동선수 시켜야 할까? 말려야 할까?

평범한 내 아이를 운동선수로 키워야 할까? 말려야 할까? 아이는 '축구가 하고 싶다', '야구가 하고 싶다'라며 부모를 조른다. 운동선수의 길이 얼마나 험하고 어려운지 부모는 잘 알고 있다. 더구나 아이에겐 특출난 재능도 없어 보인다. 그런데도 아이는 공부는 안 하고 운동만 고집한다. 참 고민이 되는 상황이다.

　이런 경우 상당수 부모는 스포츠 아카데미를 찾아가 상담받는다. 집에서 가까운 스포츠 아카데미를 찾는 사람도 있고, 집에서 멀어도 지인의 소개나 유명 선수 출신 지도자가 운영하는 아카데미를 찾아가는 사람도 있다.

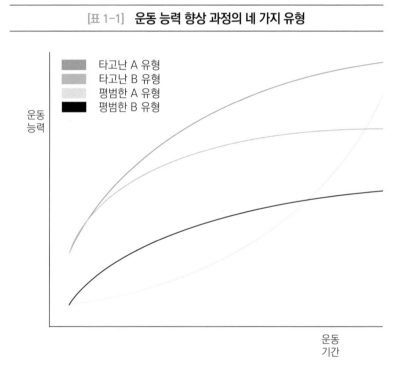

[표 1-1] **운동 능력 향상 과정의 네 가지 유형**

타고난 A 유형
타고난 B 유형
평범한 A 유형
평범한 B 유형

운동
능력

운동
기간

　대부분 스포츠 아카데미에서는 아이가 부모와 함께 찾아오면 환영한다. 아이의 재능과 상관없이 경제적 이익이 뒤따르기 때문이다. 경제적 이익만 따져서 사탕발림을 앞세우는 아카데미도 없지 않다.

"아이한테 재능이 있어 보이는데 한 번 시켜보시죠."

이런 말에 마음이 끌리지 않을 부모는 아무도 없다. 사탕발림이라는 걸 알아도 기분이 좋다. 당장이라도 운동을 시켜보고 싶다. 이런 과정을 거쳐 아이에게 운동을 시키는 부모가 상당히 많다.

문제는 아이의 재능과 성장 가능성을 확인하기까지 적지 않은 시간이 필요하다는 점이다. 운동을 몇 개월 했다고 해서 재능과 성장 가능성이 드러나지는 않는다. 재능은 있으나 성적으로 나타나지 않는 아이도 있다. 고등학교 3학년이 되어서야 마치 감춰두었던 것처럼 실력을 드러내는 아이도 많다. 현역 스포츠 스타 중에도 운동 시작 한참 후에야 재능을 발견했다는 선수가 적지 않다.

[표1-1]과 같이 아이들의 운동능력 향상 과정은 크게 네 가지 유형으로 나눌 수 있다. '타고난 A 유형'과 '타고난 B 유형', '평범한 A 유형'과 '평범한 B 유형'이다.

'타고난 A 유형'은 어릴 적에 보였던 천재성을 성인이 되어서도 그대로 유지하는 타입이고, '타고난 B 유형'은 어릴 적에는 또래보다 월등한 실력을 보이다 고학년으로 올라갈수록 평범해지거나 퇴보하는 타입이다. '평범한 A 유형'은 어릴 적에는 타고난 재능이 없어 보였으나 커가면서 가파르게 성장하는 타입이고, '평범한 B 유형'은 어릴 적부터 특출난 재능을 보이지 않았으며, 자라면서도 재능을 발견하지 못하는 유형이다.

왜 이런 유형이 만들어지는 것일까? 훈련량과 내용, 운동 환경, 신체적·정신적 변화 등이 성장기 아이들의 운동능력 향상에 영향을 준다. 그래서 난 아이들의 미래를 쉽게 예단하지 않는다. 아이의 영재성을 봐달라는 부모들의 말이 나를 난처하게 하는 이유다. 굳이 한 가지를 본다면 아이가 운동하면서 얼마나 행복해하는지다. 부모의 손에 이끌려 어쩔 수 없이 운동하는 아이나 열정이 없어 보이는 아이에게선 영재성도 드러나지 않는다.

다른 스포츠 지도자들과 이야기를 해보면 아이들의 재능을 놓고 관찰하는 기간은 3~5년이다. 물론 예외는 있다. 체조나 피겨스케이팅처럼 20살이 넘으면 퇴역을 준비해야 하는 종목은 어릴 적부터 집중적으로 기술을 연마해 두각을 나타내지 않으면 선수로서 빛을 보기 어렵다. 그런 예외적인 종목을 제외하면 아이들의 관찰 기간이 3~5년은 필요하다는 게 스포츠 지도자들의 보편적인 생각인 것 같다. 운동 햇수와 상관없이 중학교 3학년까지는 지켜보는 것이 좋다는 지도자도 있다.

[표 1-1]을 통해서 설명했듯이 아이들의 성장·발달 속도는 모두 다르다. 운동을 처음 시작했을 땐 전혀 눈에 띄지 않던 아이가 어느 시점에선가 무섭게 성장할 수도 있고, 처음엔 또래보다 높은 재능을 보이다가 시간이 갈수록 뒤처지는 아이도 있다.

아이들은 신체적, 기술적, 정서적, 환경적으로 불완전한 상태이기 때문이다. 한 해 동안 키가 부쩍 자라면서 기술이 좋아지기도 하고, 어릴 적에는 또래보다 월등히 잘하다 중·고등학교로 올라가면서 평범해지는 아이도 수두룩하다.

골프는 다른 종목보다 아이의 장래를 예측하기가 어렵다. 종합적인 운동능력을 요구하기 때문에 관찰해야 할 것이 너무나 많다. 순발력만 좋다고 잘할 수 없고, 힘만 좋다고 해서 유리하지 않다. 체격 조건만으로도 잘할 수 없다. 수많은 운동신경과 신체 조건, 환경적 요인이 조화를 이루어야 좋은 경기력으로 나타난다.

프로골퍼 강욱순은 한국 골프를 대표하는 레전드 중 한 명이다. 화려한 경력만 보면 선수의 자질을 까다롭게 따질 것 같지만, 그렇지는 않다.

"골프는 누구도 알 수 없는 운동이다. 다른 스포츠는 힘이면 힘, 순발력이면 순발력, 신장이면 신장, 지구력이면 지구력이다. 한 가지 운동능력이나 기능에 치우친다. 골프는 그렇지가 않다. 강함과 부드러움을 모두 갖추고 있어야 한다. 장타 치면서 쇼트 게임도 잘해야 좋은 스코어가 나온다. 골프처럼 여러 운동신경을 고루 갖춰야 하는 종목은 거의 없다. 그래서 어린 선수를 볼 때 쉽게 생각하지 않는다. 모든 가능성을 열어서 폭넓게 살펴봐야 한다."[4]

스포츠 영재는
얼마나 유리할까?

스포츠 영재들의 장단점

앞에서 설명했듯이 스포츠 영재를 가려내기는 대단히 어렵다. 보는 사람에 따라, 시대에 따라서 스포츠 영재의 기준이 달라지기도 한다. 바라보는 시각에 따라서는 우리가 생각하는 것보다 훨씬 많은 아이가 스포츠 영재일 수 있고, 그렇지 않을 수도 있다.

스포츠 영재는 또래보다 특출한 재능을 지닌 만큼 장래가 촉망된다. 많은 사람의 주목을 받고 여러 사람의 부러움을 산다. 꽃길만 펼쳐질 것 같다.

그렇다면 스포츠 영재는 여러 사람이 생각하는 것처럼 목표를 쉽고 빠르게 이룰 수 있을까? 국가대표나 프로 구단 입단이 최종 목표라면 스포츠 영재는 또래보다 훨씬 앞선 자리에서 출발하는 걸까?

스포츠 영재가 평범한 아이들보다 얼마나 유리한지를 알아보기 전에 스포츠 영재의 장단점을 하나씩 따져보자.

첫 번째 장점은 상급학교 진학에 유리하다. 어린 나이에 일찌감치 두각을 나타내면서 출전하는 대회마다 좋은 성적을 낼 가능성이 크다. 대회 출전 기회도 쉽게 얻는다. 여러 사람의 눈도장을 찍어 상급학교 진학도 유리하다. 원하는 학교에 좋은 조건으로 입학할 수 있다.

두 번째는 장학금 같은 후원이 줄을 잇는다. 해당 종목의 협회나 단체, 기관, 지자체 등으로부터 장학금을 받거나 스포츠용품·의류를 협찬받기도 쉽다. 가정 형편이 어려운 아이라도 헤쳐나갈 길이 열린다.

세 번째는 장기적인 계획과 목표를 세울 수 있다. 또래보다 기량이 좋고 대회 성적이 잘 나오면 자신감이 올라간다. 자신감은 운동에 대한 흥미로 이어질 가능성이 크다. 운동으로 생긴 자신감은 장기적이고 세밀한 목표와 계획을 세우게 한다. 세밀한 목표와 계획은 어린 선수가 성장하는 데 있어서 나침반 역할을 한다.

그러나 모든 스포츠 영재에게 이같이 좋은 일만 일어나는 건 아니다. 현실은 차갑고 냉정하다는 걸 어른들은 잘 안다. 장점 못지않게 단점도 널려 있다.

첫 번째 단점은 어린 나이에 짊어지게 될 부담감이 크다. 여러 사람으로부터 주목을 받는 만큼 부담감이 늘어난다. 부모의 기대에 부응해야 한다는 부담감부터 지도자나 후원자들에게 보답해야 한다는 압박감에서 벗어나지 못한다. 적당한 부담감은 더 좋은 경기력으로 이어지기도 하지만, 이른 나이에 승부의 세계에 노출되면 사춘기를 거치면서 비뚤어지는 경우가 적지 않다.

두 번째는 언론의 스포트라이트와 악성 댓글이 뒤따른다. 잘할 때는 언론으로부터 호평이 쏟아진다. 자기 이름과 사진이 실린 기사를 보면 신이 나서 더 열심히 운동하게 된다. 그러나 늘 좋을 수는 없다. 성적이 좋지 않거나 경기장 안팎에서 실수라도 하면 언론에 뭇매를 맞는다. 어린 나이에 감당하기 힘든 악성 댓글도 피할 수 없다. 악플러들은 선수들의 나이를 따지지 않는다.

세 번째는 팀이나 지도자와의 갈등이다. 영재들의 세계관은 평범하지 않다. 한 가지에 고착되지 않고 여러 가지 생각을 동시에 한다. 감성, 행동, 사고방식이 강한 편이다.[5] 독특한 면이 있어서 평범한 아이들의 생각과는 다르다. 평범한 훈련을 견디지 못한다. 운동의 원리를 일찌감치 깨우친 아이는 자신만의 운동 방식에 집착하는 모습을 드러내기도 한다.

단체 훈련에서도 자신만의 독특한 버릇이나 성향을 드러낸다. 그런 아이는 대부분 단체 생활에 적응하지 못하고 불만을 품는다. 자신이 생각하는 운동방법과 코치나 지도자들의 운동 방식이 전혀 맞지 않는다고 생각한다.

아이만의 문제로 봐선 안 된다. 나와 다름을 인정하지 않는 사회적 분위기도 문제다. 스포츠 영재를 평범한 아이들과 똑같이 맞춤식으로 교육하니 쉽게 싫증을 내고 불만을 느낀다. 이런 아이를 방관하면 둘 중 하나가 될 가능성이 농후하다. 팀에서 이탈·낙오하거나 평범한 선수로 전락한다.

영재성은 계발하지 않으면 사라질까?

영재 심리학자 줄리아 오스본Julia Osborn은 "지적 능력이 뛰어날수록 평범한 학교 교육을 견디지 못한다. 만약 어떤 아이가 탁월한 언어와 수리 능력을 보인다면 그 아이는 반드시 또래 아이들보다 더 일찍 그 능력을 갈고닦을 수 있는 수업을 들어야 한다"[6]고 주장했다.

배명중·고등학교 야구부에 정현택이라는 선수가 있었다. 1998년 계약금 2억 8,000만 원을 받고 LG 트윈스에 입단한 유망주였다. 나와는 중·고등학교 동문이고, 같은 팀에서 프로 생활을 했으니 각별한 후배였다.

내가 정현택을 처음 본 건 정현택이 배명고 2학년 때였던 것으로 기억한다. 배명고에 찾아가 후배들의 운동을 봐줄 기회가 있었는데, 배팅하는 모습을 보고 놀라지 않을 수 없었다. 배팅 스피드가 놀랍도록 빨랐을 뿐만 아니라 기술적인 스윙을 했다. 영재를 넘어 천재성이 보였다. 당시 기량만 놓고 보면 광주일고에서 날리던 최희섭보다 뛰어났다. 덩치가 최희섭만큼 크지는 않았지만, 파워는 밀리지 않았다.

나는 정현택의 성공을 장담하고 있었다. 운동원리에 일찌감치 눈을 뜬 것인지 한 가지를 가르쳐주면 여러 가지를 응용하는 듯했고, 자신감이 넘쳐 흘렀다.

그러나 정현택은 코치가 가르쳐주는 대로 하지 않고 무엇이든 자신만의 방법으로 재해석해서 받아들였다. 국내 지도자 중에서 이런 성향의 아이를 존중해주는 사람은 없을 것이다. 정현택은 원치 않는 훈련 방식을 따를 수밖에 없었다.

그리고 LG 트윈스에 입단하게 되었다. 연습 배팅을 보니 여전히 천재성을 가지고 있는 듯했다. 고등학교 때 보았던 깜짝 놀랄 배팅은 아니었으나 성공 가능성을 의심하지는 않았다.

하지만 정현택은 기대와 달리 팀플레이에 적응하지 못하고 이렇다할 활약을 보이지 못했다. 벤치에 앉아 안타까운 시간만 흘려보내고 있었다. 어느 순간에는 야구천재 정현택이 아니라 평범한 정현택이 되어 있었다.

정현택은 어릴 적부터 자신의 몸에 맞지 않는 옷을 입고 훈련했던 것으로 보인다. 자신의 독특함과 특출남을 평범한 환경에 맞춰서 훈련하다 보니 특출한 정현택은 사라지고 평범한 정현택만 남았다. 그러는 과정에서 심리적인 위축과 불만이 쌓였고, 동기도 목표도 잃어버렸다. 그렇게 짧은 선수 생활을 마무리했다. 선배로서 제대로 챙겨주지 못해서 지금도 미안한 마음이다.

스포츠 영재들의 네 번째 단점은 외로움이다. 많은 영재는 외로움을 겪는다. 자신에 맞는 이야기 상대가 없을 뿐 아니라 자기 처지를 완벽하게 이해해주는 사람도 없다. 적당한 대화 상대를 찾지 못한다. 매일 기계처럼 운동만 하다 보면 자신의 인생을 사는 것이 아니라 부모나 다른 사람의 인생을 대신 살고 있다고 느끼기도 한다.

미하이 칙센트미하이Mihaly Csikszentmihalyi, 케빈 라선드Kevin Rathunde, 새뮤얼 휠런Samuel Whalen 교수가 공동 저술한 『십대 영재들Talented Teenagers : The Roots of Success and Failure』에 따르면 오랫동안 혼자 외롭게

공부하며 느끼는 슬픔과 불안으로 인해 많은 수학·과학 영재들이 중도에 공부를 포기한다. 재능이 부족해서가 아니라 공부가 그들을 너무나 외롭게 만들기 때문이다.[7]

영재들에게 우울증 징후가 많다는 보고와 10대 영재들 사이에서 자살률이 높다는 놀라운 조사 결과도 있다.[8] 스포츠 영재들의 우울증은 성취 욕구에서 오는 우울증이 많다. 지나치게 높은 목표를 설정해서 그것을 이루지 못하면 자괴감이 밀려든다.

다섯 번째는 두려움이다. 늘 앞서가니 불안하다. 언제 실력이 떨어질지 모르고, 언제 누구에게 추월을 당할지 모른다. 늘 쫓기기 때문에 즐기기가 어렵다. 이런 이유로 불안장애를 일으키는 선수도 있다. 더구나 운동은 1~2년에 모든 것이 결정 나지 않는다. 장기간 정상의 자리를 지켜야 한다. 청소년기를 거쳐 프로로 데뷔하더라도 수없이 많은 도전을 받아야 한다.

이처럼 스포츠 영재는 장점만큼이나 많은 단점이 있다. 어린 나이에 감당하기 어려운 일들도 있다. 결국, '스포츠 영재는 얼마나 유리할까?'라는 물음에 '그다지 유리하지 않다'라는 답변으로 마무리해야 할 것 같다.

앞에서 열거한 스포츠 영재의 장단점을 이것저것 다 따지고 보면 스포츠 영재가 평범한 아이들에 비해 유리한 것이 별로 없다. 무엇보다 대선수가 된다는 보장이 없다. 평범한 아이처럼 미래가 불확실한 건 내나 마찬가지다. 어릴 적에 스포츠 영재 소리를 듣다가 평범한 선수로 전락하거나 소리소문없이 사라진 선수들이 그것을 말해준다.

스포츠 영재는
타고나는 것일까?

승리욕과 멘탈도 연습으로 길러진다

　스포츠 영재는 타고나는 것일까? 길러지는 것일까? 어떤 이는 영재성은 누가 가르쳐준다고 길러지는 것이 아니라며 타고나는 것에 무게를 둔다. 다른 이는 영재성은 꾸준히 발굴·계발하고 육성해야 완성되는 것이라고 주장한다. 타고나는 영재성과 길러지는 영재성은 서로 다른 영역이라는 의견도 있다.

　이 논쟁은 마치 100년 넘게 해답을 찾지 못한 '천재는 타고나는 것일까?'를 연상케 한다. 인류가 100년 이상 이 문제로 논쟁을 벌인 결과 도출해낸 답은 아무것도 없다. '닭이 먼저냐, 달걀이 먼저냐'를 따지는 것과 다르지 않았다.

　대부분 사람은 이 불필요한 논쟁으로 시간 낭비하려 하지 않는다. 스포츠 영재가 타고나는 것이든 길러지는 것이든 각자가 정한 목표를 이루기 위해서는 고달프고 험난한 길을 피할 수 없기 때문이다. 스포츠 영재라고 해서 꽃길이 그냥 열리지는 않는다. 아니, 더 험한 가시밭길이 놓일 수도 있다.

유수의 학자들이 '닭이 먼저다', '달걀이 먼저다'로 논쟁을 벌이는 사이에 스웨덴 출신의 심리학자 앤더스 에릭슨Anders Ericsson은 흥미로운 주장을 내놓았다. '1만 시간의 법칙'이다. '10년의 법칙'으로도 불리는 이 논리는 어떤 분야든 한 분야 전문가가 되려면 1만 시간의 노력이 필요하다는 주장이다. 1만 시간을 채우려면 매일 하루도 거르지 않고 2~3시간씩 10년을 연습하거나 5~6시간씩 5년 동안 연습해야 한다. 스포츠 영재라도 예외가 될 순 없다. 이 논리가 정확하다면 스포츠 영재가 타고나는 것이냐, 길러지는 것이냐는 불필요한 논쟁이 된다.

'스포츠 영재는 타고난다'라는 논리를 완전히 부정할 수는 없다. 스포츠에서 재능은 타고나는 것이 맞다. 좋은 운동신경을 타고난 아이가 그렇지 않은 아이를 압도한다. 두 아이가 똑같은 훈련을 받는다면 평범한 아이는 좋은 운동신경을 타고난 아이를 따라가지 못한다. 좋은 운동신경을 타고난 아이들이 훨씬 유리한 위치에서 출발하는 건 틀림없다.

모든 스포츠 영재가 어린 나이에 재능을 드러내는 건 아니다. 오랜 시간 동안 영재성을 감추고 있다가 뒤늦게 꽃을 피우는 아이도 많다.

대표적인 선수로 이상훈을 들 수 있다. 이상훈은 한미일 3국 프로야구를 모두 경험한 몇 안 되는 선수 중 한 명이다. 강남중학교와 서울고등학교, 고려대학교를 거쳐 LG 트윈스에 입단하면서 두각을 나타냈다. 1995년에는 한국프로야구KBO 리그 최초로 좌완 투수 20승을 올렸다.

이상훈은 LG 트윈스에서 줄곧 에이스로 활약해 아마추어 시절부터 이름을 날렸을 것 같지만, 서울고 졸업 때까지 변변한 상 한 번 받아본 적이 없는 평범한 선수였다. 고교 3학년 때 봉황대기 준우승이 최고 성적이다.

당시 이상훈은 신장 173㎝에 몸무게가 62㎏이었다. 친구들은 "너는 뼈에다 살을 도배하고 다니냐"[9]라며 놀려댔다. 고려대 시절에는 3학년까지 14번이나 선수단 숙소를 무단이탈했다. 그때 붙은 별명이 '고려대 빠삐용'이다. 그러나 대학 4학년 들어 훈련량을 늘리고 근력 운동으로 몸을 만들면서 뒤늦게 괴물 투수로 성장하게 되었다.

통산 18승을 올린 프로골퍼 강욱순은 천재성도 오랫동안 꾸준히 훈련했을 때 나타나는 경우가 많다고 했다.

"흔히 동물적 감각이라는 말을 한다. '그것은 타고나는 것'이라고 믿는 사람이 많은데, 꼭 그렇지는 않다. 오랜 시간 훈련으로 나타나는 경우가 많다. 승부욕이나 멘탈도 마찬가지다."[10]

어릴 적 영재성이 평생 간다는 보장도 없다. 영재성을 어떻게 발굴해서 어떻게 육성하냐에 따라 오래도록 유지할 수도 있고, 그러지 못할 수도 있다. 결국, 스포츠 영재라고 해서 모두가 성공하는 건 아니다. 어릴 적에는 영재성을 보이다 평범한 선수로 전락하는 경우도 많다.

'리틀야구 왕'으로 불리던 아이가 있었다. 나와 초등학교·중학교에서 함께 운동한 이진석이다. 키가 키고 공이 빨라서 그의 공을 제대로 맞히는 아이는 거의 없었다. 우리 또래 중에서는 가장 뛰어난 투수였던 것으로 기억한다.

그런데 그는 중학교·고등학교에 진학하면서 키가 자라지 않았다. 초등학교 때 또래보다 빨리 한꺼번에 성장해버린 탓인지 고등학생이 되어서도 초등학교 때 신장 그대로인 것처럼 느껴졌다. 키가 자라지 않아서였을까? 고등학교 이후 야구판에서 그에 대한 소식을 더는 들을 수 없었다.

내가 기억하는 중학교 시절 최고의 투수는 황재현이다. 초등학교까지 평범해 보였지만, 중학교에 입학해 키가 부쩍 자라면서 또래를 압도했다. 빠르고 묵직한 공은 중학생이 던지는 것 같지가 않았다.

잘 나가던 황재현의 앞길을 막아선 건 부상이었다. 타구에 얼굴을 맞는 바람에 턱관절과 치아를 다쳐서 오랫동안 고통을 겪었다. 식사도 제대로 하지 못하면서 트라우마가 생긴 것인지 투수로서 예전 같은 활약은 볼 수 없게 되었다.

스포츠 스타나 유명 지도자들도 타고난 재능만으로는 큰 선수가 될 수 없다는 것에 동의하는 분위기다. 손웅정 손축구아카데미 감독은 "축구를 잘 습득하려면 운동능력 하나로는 어림없다. 운동능력이라는 재능을 뒷받침해줄 성실한 태도와 겸손한 자세가 겸비되어야 한다. 아무리 기술과 실력이 좋아도 자신의 감정을 잡지 못하면 훌륭한 선수가 될 수 없다[11]"라고 강조한다.

1994년에 84 도루나 했던 '바람의 아들' 이종범도 자신의 성적은 악착같은 연습과 연구의 결실이라고 했다.

"도루 한 번을 성공시키기 위해 상대 코치 사인까지 외우고 들어간다. 어깨 강한 포수와 만나면 더 치밀하게 연구했다. 중견수 앞 안타를 치고

2루로 가는 연구도 많이 했다."[12]

그 결과, 이종범의 KBO 리그 통산 도루 성공률은 81.9%가 되었다.

'10% 천재성과 90% 노력'의 증거들

그럼 타고난 천재성과 노력으로 길러질 수 있는 능력을 비율로 나누면 어떨까? 이에 대한 연구결과가 있는 것도 아니어서 단언하기는 어렵다. 하지만 난 스포츠 영재는 노력으로 만들 수 있다고 주장하는 쪽이고, 이 책의 제목을 보아도 알 수 있듯이 나는 '노력'에 훨씬 높은 비중을 두고 있다.

내가 생각하는 비율은 [표 1-2]와 같이 10%의 천재성과 90%의 노력이다. 10%의 천재성을 타고나지 못해도 90%의 노력으로 얼마든지 천재성을 따라잡을 수 있다.

단, 90%의 노력에는 뚜렷한 목표와 계획, 치밀한 전략, 과학적이고 체계적인 훈련, 그리고 성실성이 담보되어야 한다. 두 종목에서 프로 생활을 하면서 얻은 경험과 동료·선후배 선수들을 오랫동안 관찰하고 분석한 끝에 내린 결론이다.

'천재성' 비율이 지나치게 박하지 않냐고 말할 사람도 있을 것 같다. 나는 결코, 박하지 않다고 생각한다. 시작을 0, 목표지점을 100이라고 했을 때 어릴 적에 '천재성'이라는 10%를 가지고 출발한 아이와 0에서 출발한 아이의 차이는 엄청나다. 처음엔 영원히 따라잡지 못할 것이라는 생각이 든다. 시작도 하기 전에 포기해버리는 아이들도 있다. 만약 목표지점이 20이나 30이라면 '천재성'이라는 10을 가지고 태어난 아이가 절대적으로 유리하다. 물리적으로 역전이 어려울 수도 있다.

[표1-2] **꿈을 이루기 위해 필요한 천재성과 노력의 비율**

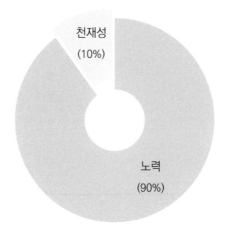

그러나 운동은 1~2년 만에 끝나지 않는다. 목표지점까지는 90을 더 달려야 한다. 5~10년 이상 꾸준히 훈련한 사람과 그렇지 않은 사람은 결과로 나타난다. 천재성을 가지고 태어나지 못했어도 꾸준히 체계적으로 훈련한 아이는 자신도 모르는 사이에 천재성을 따라잡는다.

반대로 천재성을 가지고 태어났다고 해도 꾸준히 체계적인 훈련을 받지 못했다면 어릴 적에 가졌던 '천재성' 10은 흔적도 없이 사라진다.

인생이라는 긴 드라마를 펼쳐보면 스포츠 영재는 평범한 아이보다 고작 몇 발짝 앞에서 출발하는 셈이다. 언제 무슨 일이 일어날지 누구도 예측할 수가 없다.

[표1-3] **어릴 적에 '스포츠 영재' 또는 '천재' 소리를 한 번이라도 들어보았다**

※2022년 10월 실시한 전 · 현직 스포츠 선수와 지도자 설문조사 결과.

국내 스포츠 스타 중에는 어릴 적부터 스포츠 영재나 천재 소리를 들었다는 사람이 의외로 많지 않다. [표 1-3]과 같이 전 · 현직 스포츠선수와 지도자 71명에게 물어본 결과, '어릴 적에 스포츠 영재나 천재 소리를 들어본 적이 있다'라고 답한 사람은 39.4%(28명)에 불과했다. 나머지 60.6%(43명)는 스포츠 영재나 천재 소리를 한 번도 듣지 못했다고 답했다.

한국 프로야구 최고의 마무리 투수였던 오승환도 어릴 적에는 운동 감각과 재주가 전혀 없었다. 야구뿐만 아니라 축구, 농구, 족구처럼 공으로 하는 모든 운동에서 어설펐다. 변화구를 새로 배우면 바로 손에 익혀서 경기에 써먹는 류현진, 윤석민 같은 친구들이 무척이나 부러웠다[13]고 한다.

여러 스포츠 스타의 증언을 통해서도 재능은 타고나는 것만은 아니라는 것을 알 수 있다. 그렇다면 타고난 재능이 없던 사람들이 어떻게 재능을 타고난 사람들과 어깨를 나란히 하거나 오히려 앞지를 수 있는 것일까?

어린 시절에 나타나는 성장·발달 차이가 장기간 이어지는 것이 아니기 때문이다. 조금 늦된 아이라고 해서 계속 늦은 속도로 성장·발달하는 것도 아니라는 게 전문가들의 보편적인 견해다.

신체 조건은
넘을 수 없는 장벽일까?

작은 키를 장점으로 승화시킨 스포츠 스타들

운동선수에게 몸은 가장 중요한 재산이다. 몸에 이상이 오면 제대로 된 경기를 할 수 없다. 특정 종목에 최적화된 몸을 가진 선수는 그렇지 않은 선수보다 훨씬 유리하다. 비슷한 실력이라면 좋은 몸을 가진 선수가 이긴다. 스포츠에서 몸이 갖는 영향력은 그야말로 막강하다. 좋은 몸을 타고난 선수들에게 '신이 내린 몸'이라고 칭송하는 이유가 그 때문이다.

타고난 몸은 마음대로 늘리고 줄일 수 없다. 마음에 들든 들지 않든 평생 아끼면서 살아야 한다. 그렇다고 좋은 몸을 가진 선수를 부러워할 수만은 없다. 운동을 포기하지 않을 생각이라면 좋은 몸을 타고나지 못한 만큼 더 노력해야 한다.

신체 조건에 따른 경기력 차이는 야구, 축구, 농구, 배구, 핸드볼 같은 구기 종목이나 육상, 수영 등 기록을 다투는 종목 선수들에게서 뚜렷하게 나타난다. 특히 농구나 배구에서 작은 신장은 치명적이다. 신체 조건에 따라 경기력이 좌우될 뿐만 아니라 몸값도 달라진다. 진학과 프로 구단 입단에도 상당한 영향을 준다. 신체 조건이 좋지 않으면 의지와 상관없이 선수 생활을 포기해야 할 수도 있다.

야구도 신체 조건에 따른 경기력 차이가 큰 종목 중 하나다. 신체 조건에 따라 경기력이 크게 좌우된다. 투수는 구속과 직결되기 때문에 체격이 왜소하면 마운드에 서기 어렵고, 타자는 타구를 멀리 보내지 못한다. 힘이 달려서 타구를 외야로 보내지 못한다면 선수 생활을 더 하고 싶어도 하지 못한다.

프로야구 KT 위즈의 황재균은 경기고등학교 재학 시절까지 크게 주목받지 못했다. 프로 구단 입단 때도 KBO 리그 황금세대라고 할 수 있는 1987년생 동갑내기 류현진, 강정호, 김현수, 양의지, 민병헌, 최주환, 정훈, 원종현, 차우찬 등의 그늘에 가려져서 구단들의 주목을 받지 못했다. 그러나 그는 예상을 깨고 2006년 2차 3라운드로 현대 유니콘스의 지명을 받고 프로에 데뷔했다.

이에 대해 황재균은 "(나는) 청소년 대표도 아니었고, 다른 애들처럼 전국구 스타도 아니었다. 스카우터한테 '날 왜 뽑았냐?'고 물어봤는데, '그냥 키랑 어깨만 보고 뽑았다'[14]라는 말이 돌아왔다고 한다.

황재균과 달리 좋은 경기력을 갖추고도 신장이 작거나 몸무게가 불어나지 않아서 프로 구단의 지명을 받지 못하고 야구선수 생활을 접어야 하는 사람도 많다.

앞서 언급한 이상훈은 신체 조건이 좋지 않아 두각을 나타내지 못했던 대표적인 선수다. 이상훈은 중학교 입학했을 무렵 몸이 가냘프고 키도 작았다. 2, 3학년 선배들은 머리 하나가 더 있을 정도로 크게 느껴졌다[15]고 한다.

서울고 시절에도 크게 주목받는 투수는 아니었다. 왼손잡이 투수가 귀한 시절에 야구 명문 서울고에서 주전으로 뛰던 좌완 투수 정도였다. 투구 폼이 깔끔했으나 강속구를 가지고 있지도 않았다. 특히나 몸집 자체가 깡말라서 볼 끝에 힘이 부족했다.[16]

그러나 이상훈은 대학 4학년 때부터 운동이 즐거워지면서 운동량을 늘렸는데, 뒤늦게 키가 크고 몸무게가 불어났다. 구속은 150km/h 가까이 나왔다. 만약 이상훈이 키가 더 자라지 않고 몸집도 불어나지 않았다면 프로에서도 평범한 선수들 사이에서 벗어나지 못했을 가능성이 크다. 그만큼 야구선수에게 신체 조건은 대단히 중요하다.

작은 키와 깡마른 몸매는 이종범에게도 큰 핸디캡이었다. 아마추어 시절부터 국가대표로서 명성을 날리던 이종범은 발이 빠르고 수비 범위가 넓은 선수였지만, 작은 몸집 때문에 고민이었다. 건국대학교 입학 당시 신장이 168cm였으나 이후 7cm 이상 크면서 장타력도 갖게 되었다.

축구에서도 작은 신장은 큰 핸디캡이다. 축구 스타 크리스티아누 호날두Cristiano Ronaldo의 유일한 콤플렉스는 작고 마른 몸이었다. 호날두는 유소년 리그에서 늘 체구가 가장 작은 편에 속했다. 어린 호날두가 택한 것은 식단의 변화다. 매일 먹던 양을 두 배로 늘렸다. 그러자 2년 사이 10cm가 자랐다. 스포르팅 CP 입단 이후에도 늘 끼니를 두 접시씩 먹었다. 결국, 팀에서 큰 편에 속하게 되었으며, 최종적으로 185.1㎝까지 자라 장신 공격수가 되었다.[17]

그렇다면 운동선수들에게 신체는 넘기 어려운 장벽일까? 결론부터 말하면 그렇지는 않은 것 같다. 최소한 야구와 축구, 골프는 그렇다. 몸이 왜소하면 불리한 건 사실이지만, 극복하지 못할 일은 아니다. 체격이 작은 선수라도 자신의 장점과 특기를 잘 살리면 얼마든지 스타 선수가 될 수 있다.

신체적 약점을 극복하고 스타가 된 선수로 삼성 라이온즈 김지찬과 KIA 타이거즈 김선빈을 들 수 있다.

김지찬은 신장 163㎝로 KBO 리그 최단신이다. 빠른 발과 뛰어난 작전 수행능력을 갖춰 프로 1~2년 차부터 대주자로 기용되었다. 3년 차부터는 주전으로 활약하며 팀 공격에 활력을 불어넣었다.

김선빈은 김지찬보다 2㎝ 큰 165㎝다. 김지찬이 프로 데뷔하기 전까지 KBO 리그 최단신이었다. 그러나 김선빈은 뛰어난 타격 능력을 발휘하며 2017년 타율 1위를 차지했고, 유격수 부문 골든글러브까지 수상하는 영예를 안았다.

호날두와 함께 당대 최고의 축구선수로 손꼽히는 리오넬 메시Lionel Messi도 신장이 170㎝가 되지 않는 단신이다. 그의 어린 시절은 지금보다 훨씬 작았다. 성장호르몬 결핍이라는 희소병이 있었다.[18] 매일 밤 다리에 성장호르몬 주사를 맞았다. 그러면서도 자기 몸에 이상이 있다고 생각하지 않았다고 한다. 오히려 큰 선수보다 민첩하고 빠르게 움직일 수 있어서 때론 작은 것이 좋게 느껴지기도 했다.[19]

골프선수와 신장의 상관관계

같은 스포츠라도 신장과 몸무게가 불어나면 오히려 불리하거나 그다지 유리하지 않은 종목도 있다. 체조와 다이빙, 피겨스케이팅 같이 무대 연기로 심사위원으로부터 점수를 얻는 종목이 그렇다. 이 종목 선수들은 몸이 커지면 불리하다. 훈련 기간 내내 다이어트를 해야 하고, 대회 중에도 식사를 제대로 하지 못한다.

골프는 신장과 경기력 차이를 논하기가 모호한 종목이다. 큰 선수가 유리한 건 맞지만, 반드시 그렇지는 않다. 만약 선수들의 신장이 경기력에 상당한 영향을 준다면 우리나라 선수들은 국제무대에서 크게 두각을 나타내지 못했을 것이다.

골프는 종합적인 운동능력이 요구되는 스포츠다. 힘과 정확성이 동시에 필요하다. 힘이 좋아야 하는 이유는 공을 멀리 날리기 위해서다. 파5홀에서 2온이 가능한 선수는 3온 하는 선수보다 1타 앞선 상황에서 그린 플레이를 할 수 있다. 파4홀에서도 한 번에 그린에 올리거나 그린 바로 앞까지 보낼 수 있다면 경기를 훨씬 유리하게 풀어갈 수 있다.

신장은 클수록 비거리를 내는 데 유리하다. 스윙아크가 커지면서 더 큰 힘과 스피드를 만들 수 있다. 그런 이유로 키스 미첼Keith Mitchell 등 미국프로골프PGA 투어 장타자들은 모두 장신이다. 드라이브샷 평균 비거리로 320야드를 날리는 안병훈도 187㎝의 큰 신장을 자랑한다.

샷 비거리가 짧은 선수는 남들보다 더 긴 클럽을 선택해서 그린까지 가야 한다. 긴 클럽을 잡을수록 실수 확률은 올라간다. 한 라운드 18홀

내내 불리한 게임이 이어진다. 골프에서 그린 플레이가 없다면 키가 작고 힘이 약한 선수는 하나 마나 한 게임이다.

[표 1-4] **2022년 국내 남녀 프로골프 투어 우승자들의 신장**

KPGA 코리안투어		KLPGA 투어	
우승자	신장 (cm)	우승자	신장 (cm)
박상현	170	장수연	168
김비오	182	박지영	166
장희민	180	**유해란**	**176**
박은신	177	김아림	175
양지호	**183**	조아연	166
신상훈	177	**박민지**	**160**
이준석	174	홍정민	167
김민규	175	정윤지	165
황중곤	180	성유진	168
배용준	173	임희정	161
신용구	178	임진희	165
서요섭	180	송가은	161
히가 카즈키	**158**	윤이나	170
최진호	182	지한솔	165
문도엽	175	이소영	166
이형준	177	한진선	173
김영수	173	홍지원	168
		황정미	165
		김수지	163
		이가영	166
		유효주	170
		이소미	162
평균	176.1	평균	166.7

그러나 골프의 백미는 쇼트 게임이다. 키가 작고 힘이 약한 선수라도 쇼트 게임에서 얼마든지 전세를 뒤집을 수 있다. 똑같이 2온을 했어도 퍼트 한 번으로 홀아웃하는 사람이 있고, 2퍼트, 3퍼트를 하고 홀아웃 하는 사람도 있다. 비거리에 약점이 있는 사람이라도 쇼트 게임을 열심히 갈고 닦으면 세계적인 선수가 될 수 있다. 김경태, 신지애가 대표적인 예다.

운동하면
머리도 좋아질까?

신체 활동이 두뇌 성장 촉진

아이들에게 신체 활동은 대단히 중요하다. 신체 활동을 하지 않으면 성장도 할 수 없다. 신체 활동을 통해서 몸과 마음을 단련시키는 일을 체육이라고 한다. 체육에 경쟁이라는 요소를 더하면 스포츠다. 긴장감이 있어서 체육보다 흥미진진하다.

스포츠는 직업 선수들과 취미로서 즐기는 어른들의 전유물 같지만, 사실은 어린아이들에게 더 중요하다. 몸을 튼튼하게 할 뿐만 아니라 리더십과 책임감, 도전정신을 길러 몸과 마음을 강하게 한다. 공정하고 건전한 경쟁과 사회성도 길러준다.

그런데 이보다 더 중요한 것이 있다. 아이들의 모든 근육과 관절은 움직임을 통해서 자극을 받으며 성장·발달한다는 점이다.

일본의 대표적인 근육생리학자 이시이 나오카타石井直方는 "갓난아기에게도 손가락을 움직이는 데 필요한 신경세포는 있지만, 그 세포를 연결하는 프로그램이 없다. 실제로 근육을 작동해서 손가락을 움직여보고, 손가락이 정말 움직이는 것을 경험해야 그에 관한 프로그램이 만들어진다[20]"고 주장한다.

이렇게 만들어진 프로그램들을 하나씩 늘려나가야 신경계가 발달한다는 것이다. 젓가락으로 반찬을 집는 간단한 동작도 어릴 적부터 해보지 않으면 성인이 되어서도 하지 못한다. 야구공을 던지고 받는 동작이나 자전거를 타는 것도 이런 실행과 실패의 경험으로 만들어진 결과물이다.

즉, 신체 활동 없이는 근육과 관절을 정상적으로 성장·발달시킬 수 없다. 움직이지 않는 근육과 관절은 신경이 둔해지면서 퇴보하게 된다. 아이들에게 신체 활동은 선택이 아닌 필수다.

방에서 게임기만 들여다보는 아이들에게는 스포츠가 더 중요한 역할을 한다. 자세를 바르게 하고 시력을 보호하며 여러 친구를 사귀면서 자신감도 얻게 한다.

게임에 지나치게 몰입하면 생활 리듬이 깨지고 의욕과 집중력이 저하하는 문제가 생길 수 있다.

김태호 건국대학교 충주병원 소아정신과 전문의는 "게임에 지나치게 몰입하면 실생활에서 흥미를 잃게 된다. 교우관계, 학교생활 등에 문제가 생기고 피로, 의욕·집중력 저하 등을 겪을 수 있다[21]"고 충고한다.

적당한 신체 활동은 이러한 부작용을 대부분 해결해준다. 스포츠팀에 소속되어 운동하면 소속감과 동료애를 배우면서 자신감과 책임감을 키울 수 있다. 모나고 사회성이 떨어지는 아이들은 평범한 아이들 속에서 평범하게 살아가는 행복감을 배운다. 반드시 운동선수가 되기 위해서가 아니라 건전하고 건강한 경쟁을 배우고 리더십과 추진력을 키우기 위해서라도 아이들의 스포츠 활동은 꼭 필요하다.

미국은 이러한 이유로 이미 오래전부터 기업들이 스포츠맨을 우대해왔다. 스포츠 경력이 업무 처리에 상당한 도움이 된다는 것인데, 적극적이고 업무 추진력이 좋다는 이유에서 운동 경력이 있는 사람을 선호한다.

영리한 아이들의 운동 습득력

그럼 운동하면 머리도 좋아질까? 아니면 더 나빠질까? 이 엉뚱하면서도 흥미로운 질문을 던지는 이유는 편견 속 진실을 가려내기 위해서다. '운동선수는 머리가 나쁘다.' 또는 '운동선수는 공부를 못한다'는 편견이 너무나도 오랫동안 사람들의 뇌를 지배해왔고, 마치 이것이 기정사실인 것처럼 받아들여지고 있다.

이 오만하고 불편한 편견을 깨기 위해 먼저 '머리 좋은 아이는 운동도 잘할까?'라는 질문으로 접근해보도록 하겠다. 나는 이 질문에 자신있게 '그렇다'라고 답할 수 있다. 영리한 아이와 그렇지 않은 아이에게 같은 방법으로 운동을 가르쳤을 때 엇갈린 결과를 수없이 많이 경험해왔기 때문이다.

영리한 아이들에게는 몇 가지 특징이 있다. 첫째, 운동을 쉽고 빠르게 익힌다. 여러 아이와 똑같은 방법으로 가르쳤는데도 영리한 아이들이 그렇지 않은 아이들보다 쉽고 빠르게 익힌다는 걸 어렵지 않게 확인할 수 있었다.

둘째, 영리한 플레이를 한다. 한 가지를 가르쳐주면 여러 가지를 체득한다. 굳이 가르쳐주지 않아도 효율적인 방법을 스스로 찾아내거나 실전에서 응용한다. 가르쳐주는 것에만 만족하지 않고 계속해서 새로운 것을 탐구하려는 경향이 강하다.

셋째, 순간 판단력이 좋다. 게임 중 찰나의 순간에 일어나는 일에 대한 대처는 가르쳐주기가 어렵다. 가르쳐주더라도 따라 하지 못한다.

넷째, 운동의 원리를 빨리 이해한다. 운동의 원리를 빨리 깨우치는 만큼 운동을 알고 한다. 로봇처럼 운동하는 것이 아니라 원리를 하나씩 깨우치면서 한다. 꾀를 부릴 줄 알고, 지름길로 가로질러 가기도 한다.

다섯째, 정체기 극복이 빠르다. 원리를 알고 운동하기 때문에 정체기가 와도 빨리 극복한다. 문제 해결 능력이 뛰어나 슬럼프 극복도 빠르다.

반면에 영리하지 않은 아이들에게 운동을 가르치면 영리한 아이들에게서 발견할 수 있는 행동들을 찾아보기 어렵다. 운동을 가르치는 사람도 배우는 사람도 똑같이 힘들다. 수업 진도도 느리다.

영리하지 못한 아이들을 가르쳤을 때 일어날 수 있는 현상들을 정리해보면 첫째, 쉽게 이해하지 못해서 여러 번 가르쳐야 한다. 둘째, 영리한 플레이를 강조해도 이해하지 못한다. 셋째, 응용하지 못한다. 넷째,

상황 판단력이 떨어진다. 다섯째, 운동의 원리를 깨우치기까지 상당한 시간이 걸린다. 여섯째, 로봇처럼 운동한다. 결국, 가까운 길도 멀리 돌아간다. 일곱째, 한 번 정체기에 들어가면 오랫동안 헤어나지 못한다.

이처럼 영리한 아이와 영리하지 못한 아이라는 두 그룹을 단순 비교하면 영리한 아이들이 운동을 잘할 수 있는 여건을 타고난 건 분명해 보인다. 영리한 아이들과 그렇지 않은 아이들이 똑같은 방법으로 운동한다면 두 그룹의 기량 차이는 갈수록 벌어질 수밖에 없다.

그럼 영리한 아이일수록 운동을 잘하는 걸까? 즉, 지능지수와 운동능력은 비례하는 걸까? 반드시 그런 건 아니지만, 비슷한 힘과 비슷한 신체 조건이라면 머리가 좋은 아이가 운동도 잘할 가능성이 크다.

다수의 스포츠는 체격과 체력에 의해 경기 결과가 크게 좌우된다. 두뇌 싸움과는 거리가 멀어 보인다. 그러나 내 주변의 여러 운동선수나 학자들의 의견을 종합해보면 머리 좋은 아이가 공부와 운동을 잘할 수 있는 조건을 갖춘 건 사실인 듯하다. 공부든 운동이든 뇌를 움직이고 자극해서 뇌의 명령에 따라 작동하기 때문에 영민한 뇌를 가진 아이는 운동과 공부를 모두 잘할 수 있다는 것이다.

실제로 학창 시절 공부까지 잘했다는 스포츠 스타가 적지 않다. 프로야구 LG 트윈스의 프랜차이즈 선수로 은퇴한 박용택이 대표적인 지능형 스포츠 스타다. 박용택은 알아주는 엄친아였다. 공부로 전교 1등을 하면서도 운동신경이 뛰어나서 전교에서 박용택을 모르는 아이가 없었다고 한다.

박용택이 지능형 선수라고 느끼게 된 건 훈련하는 모습을 보면서다.

그는 천재적인 운동신경을 가졌지만, 둘째가라면 서운해할 만큼 성실한 노력파였다. 그의 훈련 모습을 유심히 관찰해보면 다른 선수와는 다른 점이 한 가지 있다. 습득력이 빠르다는 점이다. 한 가지를 배우면 그것을 가공해서 재빨리 자기 것으로 만들어버린다.

박용택은 2021년 출간한 저서 『오늘도 택하겠습니다』에 "모방은 창조의 어머니라고 했던가. 세상에 완전히 새로운 것은 없다. 누군가를 흉내 내는 것에서 멈추면 따라쟁이가 되는 것이겠지만, 그것에 내 노력과 나의 장점을 더한다면 다른 누구의 것이 아닌 내 것이 된다[22]"라며 자신의 야구관과 운동 철학을 드러냈다.

'운동선수는 머리가 나쁘다'라는 편견이 만연했던 과거에도 지능형 스포츠 스타가 많았다. 하형주 동아대학교 교수는 1984년 LA 올림픽 유도 -95㎏급 금메달리스트다. 유도를 그만둔 뒤에는 10여 년 동안 학업에 열중해 올림픽 금메달리스트 1호 박사가 되었다.

그는 선수 시절 중량급으로서 힘을 기반으로 한 '씨름형 유도'를 하는 것으로 알려졌는데, 실제로는 아주 빠르고 영리한 플레이어였다. 최경량급(-60㎏)이던 김재엽을 보면서 중량급이지만, 다양한 기술을 습득해야겠다는 생각을 가지게 되었다고 한다.

하형주는 1984년 LA 올림픽 금메달을 획득한 뒤 1985년 세계선수권대회 결승에서 일본의 스가이 히토시須貝等에게 왼쪽 빗당겨치기 한판패를 당했다. 급하게 덤비다가 돌진하는 힘을 역이용당해 큰 기술을 허용했다. 하형주에겐 큰 시련이었다. '올림픽 금메달을 따고 배가 불러 못한다'라는 말까지 들어야 했다.

그는 와신상담해서 1986년 서울 아시안게임을 준비했다. 공교롭게도 스가이 히토시와 결승전에서 또 만났다. 스가이는 하형주가 공격형 유도를 한다는 것을 잘 알고 있었고, 이번에도 하형주의 돌진을 기다리고 있었다. 하형주는 스가이에게 말려들지 않았다. 경기 중반, 하형주가 앞으로 돌진하는 척하자 스가이는 이번에도 왼쪽 빗당겨치기를 하기 위해 몸을 돌렸고, 하형주는 기회를 놓치지 않고 발뒤축후리기로 한판승을 따냈다. 두뇌 싸움의 완벽한 승리였다.

이처럼 두뇌 회전이 빠른 사람은 운동 경기에서도 탁월한 능력을 발휘한다. 틀림없는 사실이다. 그럼 인간의 두뇌는 운동하면 발달하는 것일까? 아이들만 놓고 보면 정답은 '그렇다'이다. 운동이 부족하면 근력만 떨어지는 게 아니라 신경계도 충분히 발달하지 못한다. 아이들은 많이 움직이면서 놀아야 뇌 활동도 활발해진다. 두뇌 활동이 부족하면 재능도 제대로 발휘할 수 없다.[23]

이시이 나오카타는 "몸을 움직여 놀면 근육과 뼈가 튼튼해지고 덤으로 뇌도 깨어난다. 반대로 말하면 그런 경험이 적으면 뇌에 입력되는 프로그램도 얼마 되지 않는다. 지적 능력이 아무리 뛰어난 사람이더라도 평생 뇌의 일부분만 사용할 뿐이라고 하니 아이가 놀이를 통해 뇌에 아무리 많은 프로그램을 입력해도 컴퓨터의 하드디스크처럼 용량이 모자라는 일은 없다. 몸으로 놀면 놀수록 신체 동작에 관한 프로그램을 많이 만들 수 있다. 특히 갓난아기의 뇌는 백지와 같아서 얼마든지 다양한 프로그램을 입력할 수 있다"[24]고 주장한다.

운동, 일찍 시작할수록
유리할까?

스포츠 스타들의 운동 시작 시기는?

"운동은 일찍 시작하는 것이 절대로 유리하다. 운동을 늦게 시작해서 또래보다 30가량 뒤처지면 성인이 될 때까지 30이라는 간격을 좁히기가 어렵다." _ 야구 코치 A

"운동을 일찍 시작했다고 해서 반드시 유리하다고 볼 수는 없다. '언제 시작했냐'보다 '어떤 환경에서 어떻게 운동했냐'가 더 중요하다. 어차피 진짜 실력은 성인이 된 이후에 나타난다. 그때부터 진짜 승부다."

_ 골프 코치 B

이 질문은 앞에서 다뤘던 '스포츠 영재는 얼마나 유리할까?'와 비슷한 맥락으로 생각해도 좋다. 내 의견부터 말하면 두 코치의 말이 모두 일리가 있다고 생각한다. '어떤 종목이냐', '목표가 무엇이냐'에 따라서 관점이 달라지기 때문이다.

앞에서 다루었던 '스포츠 영재는 얼마나 유리할까?'에 대한 대답은 목표를 장기적으로 잡았을 때 '그다지 유리한 것이 없다'로 결론지었다.

'운동, 일찍 시작할수록 유리할까?'에 대한 답변을 내놓기 전에 이해를 돕기 위해 내 이야기를 잠시 해보겠다. 나는 초등학교 2학년 때 야구를 시작했다. 프로야구 선수들의 평균적인 운동 시작 시기는 초등학교 4~5학년이다. 4학년 때 시작한 사람이 가장 많고, 조금 늦으면 초등학교 5학년 때 시작한다. 그러니 나는 또래보다 2~3년 먼저 시작해 야구의 기본을 익힌 셈이다.

어린 나이에 2~3년은 엄청난 기간이다. 경기력은 물론이고 체력과 운동의 이해도에서도 상당한 차이가 나타난다. 야구를 처음 접하는 아이들의 경기력이 '0'이라면 2~3년 앞서 운동을 시작한 아이는 10% 이상 기본기를 다지고 있다. 배팅과 수비 기술도 또래보다 앞서 있다. 그땐 영원히 넘지 못할 것처럼 높아 보인다.

나 역시 또래보다 기술이 좋았을 뿐 아니라 기술 습득력도 빨랐다. 자동차에 비유하면 나는 20~30m 뒤에서 출발해 가속이 붙기 시작한 상태였고, 또래 다른 친구들은 이제 막 가속 페달을 밟고 출발한 상태였다. 그때부터 똑같은 압력으로 가속 페달을 밟는다면 20~30m 뒤에서 가속이 붙은 자동차가 앞서 나간다. 실제로 나는 6학년이 되어서 또래보다 훨씬 앞서있었던 것으로 기억한다.

게다가 난 초등학교 때부터 달리기하면 항상 1등이었다. 빠른 발은 내 야구 인생에서 큰 무기가 되었다. 야구를 시작했을 땐 '야구에 유리한 조건이다', '장래가 촉망된다'라는 말을 많이 들었다. LG 트윈스 시절에는 100m 최고 기록이 11초54로 구단에서 가장 빨랐다. 웬만한 육상선수 수준이었다.

내 기억과 경험에 의존해보면 분명히 운동을 조금이라도 일찍 시작한 아이가 늦게 시작한 아이보다 유리하다. 진학은 물론이고 프로 구단으로부터 지명을 받는 데도 유리한 위치에 있었다고 자신 있게 말할 수 있다. 야구를 시작한 뒤로는 매일 성실하게 운동하면서 또래보다 앞서 있던 거리를 추월당하지 않고 프로 구단까지 입단하게 되었다고 생각한다.

[표 1-5] 당신의 운동 시작 시기는?

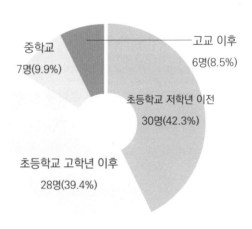

중학교
7명(9.9%)

고교 이후
6명(8.5%)

초등학교 저학년 이전
30명(42.3%)

초등학교 고학년 이후
28명(39.4%)

※2022년 10월 실시한 전·현직 스포츠 선수와 지도자 설문조사 결과.

그러나 최근 발표된 학술자료나 학자들의 의견, 여러 스포츠 스타의 성공사례를 살펴보면 '운동을 일찍 시작하는 것이 반드시 유리하지는 않다'라는 쪽에 무게가 실린다.

[표 1-5]와 같이 71명의 전·현직 스포츠선수와 지도자에게 운동 시작 시기를 물었더니 초등학교 저학년 이전에 시작한 사람은 42.3%(30명)로, 초등학교 고학년 이후에 시작한 사람(41명)보다 적었다. 중학교 때 시작했다는 사람은 9.9%(7명), 고등학교 이후 시작한 사람도 8.5%(6명)나 되었다.

[표 1-6] 어릴 적에 또래보다 신체 조건이 좋았나요?

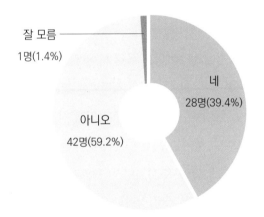

잘 모름
1명(1.4%)

네
28명(39.4%)

아니오
42명(59.2%)

※2022년 10월 실시한 전·현직 스포츠 선수와 지도자 설문조사 결과.

성공한 운동선수 중에도 운동을 늦게 시작한 사람이 적지 않다는 것을 알 수 있다. 어떻게 이런 결과가 나온 것일까? 여기에는 세 가지 주장이 있을 수 있다.

첫 번째는 기본기의 중요성이다. '어차피 기본기는 1~2년 사이 쉽게 익힐 수 없다는 주장'이다. 또래보다 운동을 몇 년 일찍 시작했다고 해서 운동능력의 중춧돌 역할을 하는 기본기가 빨리 다져지지는 않는다. 어릴 적 모든 시간을 기본기 익히기에 할애해야 성인이 된 뒤 기량으로서 조금씩 나타난다.

손웅정 감독은 이와 관련해 이렇게 주장한다.

"6개월 만에 기본기를 끝내고 곧바로 공을 차는 모습을 보여주면 금방 성장하는 것처럼 느껴질 것이다. 몇 년이 지나도록 기본기만 쌓는 우리 아이들이 더딘 것처럼 보일 수 있다. 하지만 장담컨대 기본기를 익힐 때까지는 더 오랜 시간이 걸릴지언정 그다음 단계에서부터는 훨씬 더 빠른 속도로 성장하고 적응한다."[25]

기본기의 중요성을 강조한 말인데, 어린 나이에 일찍 운동을 시작해서 기술을 익히는 것이 아이의 장기적인 성장에는 크게 도움이 되지 않는다는 것이다. 어린 나이에는 1~2년이라도 일찍 시작한 아이들이 하늘만큼이나 높아 보인다. 하지만 시간이 지나고 나면 어릴 때 익혔던 기술은 금세 따라잡을 수 있다는 걸 성인이 된 뒤에 알게 된다.

두 번째는 한 가지 운동을 일찍 시작하는 것보다 여러 운동을 다양하게 경험한 뒤 자신에게 맞는 운동을 선택하는 것이 더 유리하다는 주장이다. 여러 운동을 접해서 전신 근육을 모두 사용해보는 것이 운동의 원리를 깨우치는 데 효과적이기 때문이다. 가능하면 많은 운동을 경험해봐야 나중에 한 가지 운동을 선택하더라도 단기간에 빨리 적응할 수 있다. 여러 운동을 접하다가 학년이 올라갈수록 운동 가짓수를 줄이면서 선택의 폭을 점점 좁혀가는 방식이다.

테니스 황제 로저 페더러Roger Federer는 일요일마다 아빠와 스쿼시를 쳤다. 또 스키, 레슬링, 수영, 스케이트보드도 잠깐씩 해보았다. 야구, 핸드볼, 테니스, 탁구도 했고, 이웃집 울타리를 사이에 두고 배드민턴도 쳤다. 훗날 그는 '이렇게 다양한 스포츠를 접한 것이 운동 실력과 손, 눈의 조화로운 발달에 도움이 되었다'라고 털어놓았다.[26]

가장 적은 경기를 치르고 복싱 세 체급에서 세계 챔피언이 된 우크라이나의 바실 로마친코Vasyl Lomachenko는 어릴 때 우크라이나 전통춤을 배우느라 4년 동안 복싱을 쉬었다. 그는 다음과 같이 회상했다.

"어릴 때 체조, 농구, 축구, 테니스 등 여러 가지 운동을 했다. 지금 보면, 그렇게 다양한 스포츠에서 배운 모든 것들이 하나로 모여서 내 발놀림에 이바지했다고 생각한다."[27]

이런 현상은 기술 발명가들 사이에서도 나타난다. 한 분야를 더 깊게 파고드는 것보다 여러 분야에서 경험을 쌓을 때 창의력이 더 향상된다는 것을 보여 준 연구가 많다. 깊이를 조금 희생하더라도 적극적으로 폭을 넓히는 것이 경력이 쌓여 갈수록 더 실질적인 혜택을 제공한다는 것이다. 예술 창작자들을 조사한 연구들도 거의 같은 결과를 내놓았다.[28]

내 아이도 어릴 적에 했던 여러 운동이 골프를 하는 데 큰 도움이 되었다고 생각한다. 골프 시작 3년 만에 프로골퍼가 될 수 있는 밑거름이었다.

세 번째는 근육조직의 발달이다. 초등학교 저학년 때까지는 속근섬유와 지근섬유의 역할이 나누어지지 않기 때문에 근육을 굵게 만들기보다는 정확한 동작과 자세를 익히는 데 중점을 두어야 한다. 근육이 기능적으로 분화되기 시작하면 보조 프로그램도 교체되므로 운동의 특성에 맞춰 속근섬유와 지근섬유를 골라 사용할 수 있다. 그때쯤 되어야 아이가 순발력이 필요한 운동을 잘하는지, 지구력이 필요한 운동을 잘하는지 알 수 있다.[29]

승부에 집착한 조기교육은 위험

골프도 운동 시작 시기가 중요한 종목으로 알려져 있다. 초등학교 고학년 때 시작한 아이는 프로에 데뷔해도 초등학교 저학년 때 시작한 아이를 따라잡기 어렵다는 것이다. 보통 19살에 프로로 데뷔해 20대 초중반에 전성기를 누린다는 점을 생각하면 틀린 말이 아니다. 초등학교 6학년에 골프를 시작할 경우 또래와 같이 프로에 데뷔하기 위해선 5~6년 안에 실력을 키워야 한다.

그런데 투어에서 우승한 선수들의 면면을 보면 '골프를 일찍 시작해야 한다'라는 논리는 설득력이 떨어진다. 초등학교 고학년 이후에 운동을 시작한 사람도 우승자가 여럿 배출되었기 때문이다. 남자 선수들은 20세 이후에 시작해 투어에서 다승을 올리기도 한다.

흥미로운 건 늦깎이 우승자 대부분이 골프 시작 전 다양한 운동 경험이 있다는 점이다. 골프가 아니라도 여러 스포츠가 선수들의 신체 발달은 물론이고 운동 감각을 기르는 데 적잖은 도움을 주었으리라 예상해 볼 수 있다. 경기 규칙과 방식은 모두 달라도 운동원리는 모든 스포츠가 똑같기 때문이다.

[표 1-7] 아마추어 때 우승 경험이 있나요?

아니오
12명(16.9%)

네
59명(83.1%)

※2022년 10월 실시한 전·현직 스포츠 선수와 지도자 설문조사 결과.

그러나 상당수 부모는 운동을 조금이라도 일찍 시작해 기술을 익히는 것이 유리하다고 생각한다. 스포츠를 좁은 눈으로 바라보기 때문이다. 스포츠가 주는 여러 혜택은 외면한 채 엘리트 체육에만 혈안이다. 너무 이른 나이에 엘리트 체육에 뛰어들어 경기력 향상에 매몰되면 스포츠가 주는 수많은 혜택을 누리지 못한다. 대단히 위험한 결과를 초래할 수 있다.

스포츠 심리학자 조엘 피시Dr. Joel Fish는 이렇게 말한다.

"나는 즐거움, 건강한 신체, 맑은 공기, 책임감, 우정, 협동심, 인내력, 목표 설정, 경쟁의 즐거움, 자부심 등 이런 것들을 얻을 수 있어서 아이들에게 스포츠 활동을 권한다. 아마도 다른 부모도 같은 이유로 아이들을 스포츠 활동에 참여시킬 것이다. 문제는 올스타팀, 경기의 득점, 순위 등에 너무 집착하기 때문에 스포츠 활동으로 얻을 수 있는 많은 것들을 쉽게 잊어버리는 것 같다.[30]"

이정우 이화여대 국제사무학과 초빙교수는 동계스포츠 강국 노르웨이가 주는 교훈을 강조한다.

"노르웨이는 어린이들을 스포츠에 참여시키는 데 적극적이다. 이를 위해 많은 돈을 쓰고 노력을 기울인다. 이들의 목표는 능력 있는 선수를 조기에 발굴하는 것이 아니다. 어린이들을 스포츠 영재로 키우는 데는 관심이 없다. 대신 스포츠를 통해 어린이들이 사회성을 개발하고, 성숙한 인간으로 성장하기를 바란다.[31]"

리틀야구 출신
프로야구 선수 누가 있지?

리틀야구 선수들 프로 지명률이 낮은 이유

리틀야구 출신의 프로야구 선수를 보았는가? 야구선수이거나 야구를 아주 잘 아는 사람이 아니라면 이 갑작스러운 질문에 당황해서 머뭇거리게 될 것 같다. '그러고 보니 리틀야구 출신 프로야구 선수는 못 본 것 같다'라며 신기해할 사람도 있을 수 있다.

리틀야구는 초등학교 야구부와는 개념이 약간 다르다. 초등학교 야구부가 아닌 어린이 클럽팀을 말한다. 다니는 초등학교에 야구부가 없거나 선수가 아닌 취미로 운동하기 위해 리틀야구 팀에 가입하기도 한다. 운동과 학업 병행을 목적으로 일부러 학교 야구부가 아닌 리틀야구 팀에서 운동하는 아이도 있다. 중학교 1학년까지 리틀야구 선수로 활동할 수 있어서 야구를 계속하려면 야구부가 있는 학교로 전학해야 한다. 내가 어릴 적만 해도 리틀야구는 선수가 목적인 초등학교 야구부에 비해 낮은 평가를 받았다.

그렇다면 리틀야구 출신의 유명한 프로야구 선수는 누가 있을까? 김광현(안산시 리틀야구단), 박민우(남양주시 리틀야구단), 박병호(광명 리틀야구단), 박세웅(칠곡 리틀야구단), 안치홍(구리 리틀야구단), 윤석민(구리 리틀야구단), 정근우(김해 엔젤스), 홍성흔(도봉 리틀야구단)[32] 등이 리틀야구 출신 프로야구 선수들이다.

관심 있게 봐야 할 것은 리틀야구에서 이름을 날리더라도 프로 구단 입단이 바늘구멍이라는 사실이다. 대한민국 리틀야구 대표팀은 2014년 리틀야구 월드시리즈에서 미국 대표팀을 꺾고 29년 만에 우승을 차지하며 한국 리틀야구 역사에 커다란 획을 그었다.

그런데 당시 우승 멤버 중에서 프로 구단에 지명된 선수는 두 명뿐이다. 20%도 되지 않는다. 리틀야구 선수 출신의 고교 에이스는 신문에 독특한 이력의 선수로 소개되기도 한다. 리틀야구에서 이름을 날리던 선수가 중·고등학교까지 좋은 기량을 이어가는 경우는 흔치 않다는 것을 의미한다.

리틀야구만의 문제가 아니다. 거의 모든 스포츠 종목에서 비슷한 현상이 나타난다. '어린 나이에 일찌감치 두각을 나타내면 성인 무대에서 크게 성공하지 못한다'라는 이상한 속설까지 생겨났다.

그렇다면 해외 언론도 극찬하던 대한민국 리틀야구 대표팀 대다수는 왜 프로 구단의 지명을 받지 못한 것일까? 범위를 확대해서 어릴 적에 주목받던 스포츠 유망주들은 왜 성인 무대에서 제 기량을 발휘하지 못하는 것일까? 여기에는 네 가지 이유를 들 수 있다.

첫 번째는 아이들의 성장·발달 차이에 있다. 앞에서도 설명했듯이 아이들의 성장 발달 시기와 속도는 모두 다르다. 초등학교 때 또래보다 일찍 성장하는 아이가 있는 반면에 고등학교 고학년이 되어서야 키가 부쩍 자라는 아이도 있다. 신체 조건은 운동능력과 경기력에 막대한 영향을 미친다. 일찍 몸집이 커진 아이는 당연히 일찌감치 두각을 나타내면서 또래를 압도한다.

특별한 기술 없이 힘과 큰 몸집으로 윽박지르듯이 경기하던 아이들은 청소년기에 성장이 둔해지면 유일한 장점이 사라진다. 자신보다 작았던 아이들의 몸집이 커지면 역전 현상이 나타나기도 한다. 결국, 평범한 아이로 남거나 또래보다 못한 아이로 전락한다.

두 번째는 승부욕만 강해지고 창의력은 떨어지기 때문이다. 어릴 적부터 승부의 세계에 뛰어든 아이들은 승리욕만 늘어나고 창의력은 발달하지 못한다. 늘 이겨야 한다는 부담감을 안고 경기하기 때문에 즐기는 게임을 할 수 없다.

우리나라 야구선수들은 유난히 헤드 퍼스트 슬라이딩을 많이 한다. 앞으로 미끄러지면서 손으로 베이스를 터치하는 방식인데, 발부터 들어가는 슬라이딩보다 베이스를 빨리 터치할 수 있어서 박빙의 승부에서 많이 시도한다.

부상 위험이 크다는 게 큰 단점이다. 어깨와 손가락 부상으로 이어지는 경우가 많다. 베이스를 훑고 지나간다는 느낌으로 슬라이딩하면 부상이 덜한데, 대부분 베이스를 향해 몸을 날리듯이 슬라이딩을 한다. 그렇게 몸을 날리면 어깨, 손가락, 목 부상으로 이어지는 경우가 대단히 많다.

나 역시 과한 승리욕으로 크게 다친 일이 있다. 고등학교 2학년 때 센터필더로 수비하다 홈 송구를 했는데, 무리해서 던지다 오른쪽 팔꿈치 골절을 당했다. 뼛조각 제거 수술까지 받을 만큼 큰 부상이어서 3개월 이상 쉬어야 했으나 시즌 중이라 진통제를 먹으면서 시합을 뛰었다. 지금이라면 있을 수 없는 일이다.

[표 1-8] 어릴 적부터 승부욕이 강한 편이었나요?

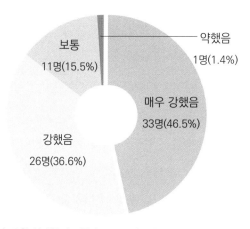

보통
11명(15.5%)

약했음
1명(1.4%)

매우 강했음
33명(46.5%)

강했음
26명(36.6%)

※2022년 10월 실시한 전 · 현직 스포츠 선수와 지도자 설문조사 결과.

몸에 맞는 공도 마찬가지다. 몸으로 날아오는 공을 일부러 피하지 않는 선수가 많다. 이런 습성은 프로가 되어서도 바뀌지 않는다. SSG 랜더스 최정은 전 세계 야구선수 중 몸에 맞는 공을 가장 많이 경험한 선수라는 달갑지 않은 기록을 세웠다.

　아이들은 우리나라 엘리트 스포츠에 몸을 담그는 순간부터 승부의 세계를 외면할 수 없다. 과정보다 결과를 중시하는 사회적 분위기도 아이들에게 승리에 집착하도록 만든다. 아이들을 이런 식으로 조련하면 운동하는 로봇이 되고 만다. 지금 당장 경기에서 이길지는 몰라도 장기적인 안목으로 보면 창의력을 기르지 못해 오히려 손해다.

　이런 아이들은 승리에 집착한 나머지 과하게 욕심부리다 자기가 다치거나 상대방을 다치게 한다. 규칙을 어겨서 씻을 수 없는 오명을 쓰기도 한다. 다른 사람의 공을 자신의 공으로 속여서 플레이한 뒤 뒤늦게 실토한 프로골퍼 윤이나를 예로 들 수 있다. 윤이나는 이 일로 대한골프협회KGA와 한국여자프로골프협회KLPGA로부터 자격정지 3년 징계를 받았다. 그릇된 승부욕이 빚은 대참사다.

"기술은 중·고등학교에서 배워도 된다!"

　어린 시절부터 승부에 집착하면 성인이 되어서도 올바른 스포츠 정신을 갖지 못한다. 경기에 지면 상대 선수를 축하해주기는커녕 악수도 하지 않고 돌아서는 선수가 있다. 승부에 집착한 나머지 경기가 끝난 뒤에도 패배를 인정하지 못한다.

　오스트리아 출신의 유도선수 루드비히 파이셔Ludwig Paischer는 한국 스포츠팬들에게 깊은 인상을 남겼다. 그는 2008년 베이징올림픽 유도 남자 -60㎏급 은메달리스트다. 결승에서 최민호에게 한판으로 져 은메달에 그쳤다. 파이셔는 당시 세계랭킹 1위로 가장 강력한 우승 후보 중한 명이었다.

그러나 그는 한판으로 지고도 감격에 벅차 펑펑 울던 최민호를 따뜻하게 안아주고 손까지 들어주면서 진심으로 축하해주는 모습을 보였다. 멋진 스포츠 정신을 보여준 한 장면이지만, 승리에만 열광하는 우리에겐 어쩐지 낯설고 어색하다.

세계적인 스포츠 스타들은 우리 아이들과는 다른 분위기에서 운동한다. 메이저리그 역사를 새로 쓴 오타니 쇼헤이大谷翔平는 초등학교 2학년때 야구를 시작했지만, 사회인야구 선수 출신 아버지 오타니 도루大谷徹의 영향으로 기술보다 야구의 즐거움과 성취감을 먼저 배웠다. 기술은 중·고등학교에서 배워도 된다는 아버지의 야구 철학 때문인데, 덕분에 오타니는 누구에게도 훈련을 강요받거나 승부에 부담을 느끼면서 운동하지 않았다.[33]

'축구천재' 메시도 비교적 자유로운 환경에서 축구를 배웠다. 메시의 첫 축구 스승이었던 아파치오에 따르면 메시는 늘 자유롭고 창의적인 플레이를 했다. 과묵하고 내성적인 성격이어서 훈련에 불만을 품거나 자기 의견을 드러내는 일도 없었지만, 축구를 하면 누구보다 자기 주도적이면서 자기 색깔을 분명하게 드러냈다.[34]

세 번째는 무리한 기술 연습으로 인한 부상이다. 너무 이른 나이에 기술을 익히면 관절과 근육에 무리가 온다. 근육과 관절이 완전히 성장하지 않은 상태에서 과도하게 기술을 익히거나 무리한 훈련을 하면 부상으로 이어지기도 한다. 그러면 선수 생활을 오래 하고 싶어도 오래 할 수가 없다.

[표 1-9] **아마추어 시절 국가대표로 발탁된 적이 있나요?**

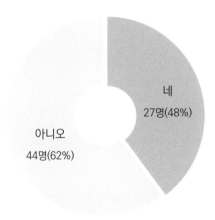

네
27명(48%)

아니오
44명(62%)

※2022년 10월 실시한 전·현직 스포츠 선수와 지도자 설문조사 결과.

우리나라 여자골프 선수들은 선수 생활도 '빨리빨리'다. 10대 후반부터 20대 초반까지 프로 무대에서 두각을 나타낸 뒤 20대 중반이면 은퇴를 고민하는 사람이 많다. 어린 나이에 골프를 시작해 강압적인 분위기 속에서 몸을 혹사하며 무리하게 연습하다 보니 몸도 일찍 망가진다. 한참 전성기를 누려야 할 나이에 필드를 떠나는 선수를 보면 안쓰럽기까지 하다.

네 번째는 기본기 부족이다. 리틀야구 선수는 어린 나이에 운동을 시작해서 기본기가 탄탄할 것 같지만, 그렇지만도 않다. 어릴 적부터 승부에 노출된 아이들은 기본기보다 기술을 습득하는 데 중점을 둔다. 기술을 배우기 위해 기본기를 소홀히 하는 아이도 있다. 그런 아이들은 청소년기를 거쳐 성인이 되면 기본기 부족이라는 치명적인 허점을 드러낸다. 결정적인 골 기회에서 공을 허공으로 날리고, 중요한 상황에서 어처구니없는 실책을 범하는 이유가 대부분 기본기 부족에서 나온다. 성인이 되어 기본기 부족을 인지해도 그땐 따라가지 못한다.

모든 종목이 마찬가지다. 우리나라 운동부는 대체로 기본기를 소홀히 하는 분위기다. 어느 정도 기본기를 익혔다 싶으면 그때부턴 기술을 가르친다. 그것을 원하는 학부모들도 있다. 또래보다 기술을 일찍 배우면 앞서나간다는 착각에 빠진다. 그것이 함정이다.

과거에는 그런 분위기가 더 심했다. 초등학교 때 야구를 처음 시작하면 기본기 위주로 배우고 체력훈련을 많이 하는데, 시합에 나가야 하기에 기본기와 기술을 함께 익혀야 한다.

기본기를 익혀야 할 시간에 군대에서 하는 유격훈련을 가르치기도 했다. 나의 초등학교 시절 야구부 감독은 공수부대 출신이어서였는지 PT^Physical Training 체조를 많이 했던 기억이 선명하다. 하계훈련 때는 TV에서만 보던 외줄 타기나 초등학생이 소화하기 힘든 군대식 훈련을 하기도 했다. 아이들의 정신 무장과 흥미를 유발하기 위한 훈련이었던 것 같다. 초등학생 어린 선수들의 체력과 눈높이에 맞는 훈련은 아니었다.

우리나라에는 잠재력을 가진 어린 유망주가 대단히 많다. 골프선수는 말할 것도 없고 야구선수도 미래가 기대되는 선수가 많다. 당장 해외 무대에서 활약해도 손색이 없는 선수도 있다. 그렇게 높은 잠재력을 가진 선수들이 기대를 한몸에 받으면서도 어느 순간 먼지처럼 사라진다. 스포츠 팬들은 '프로에 가더니 맛이 갔네'라면서 아무렇지 않게 험담을 내뱉을 수 있지만, 경기장을 떠나는 운동선수들은 생계를 위협받는다. 함께 머리를 맞대고 고민해야 할 문제다.

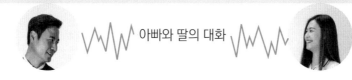

아빠와 딸의 대화

프로야구 선수협 파동, 그 후

조해연   프로야구 선수협 파동이 아빠와 우리 가족의 운명을 완전히 바꿔놓았네요.

조 현   당시(1999년~2000년) 선수들 권익보호를 위해 결단을 내릴 수밖에 없던 상황
이었지. 연봉으로 1,000만 원, 1,300만 원 받는 선수도 있었어. 그 돈으로는
기본적인 생활 자체도 안 돼. '최저연봉 인상과 복지를 개선해서 선수들이 운동
에만 전념할 수 있는 환경을 만들어야 한다'라는 취지에 동참해서 선수협에 가
입했어. 코칭스태프가 말리고, 구단의 회유도 있었지만, 아빤 굽히지 않았어.
마지막까지 남은 선수 20명 중 1인이 되었지.

조해연   못 이기는 척하면서 복귀할 수도 있지 않았어요?

조 현   아빠는 의리를 중요시하고 옳다고 생각하는 일은 반드시 해내고 마는 타입이잖
아. 페어플레이를 해야 하는 프로선수들이 의리 없이 자기 살겠다고 도망가는
경우가 대부분이었어. 이게 무슨 팀원이냐? 욕이 나왔지. 회의를 느끼기도 했
지만, 나라도 끝까지 지켜야겠다고 생각했어. 아빠는 혜택을 보지 못했지만, 최
저연봉제와 FA(자유계약선수) 기간이 단축되면서 많은 게 개선되어 동료와 선
후배 선수들은 좋은 환경에서 선수 생활을 할 수 있게 되었으니 그것만으로도
내가 할 일은 했다고 생각해.

조해연   아…. 울 아빠 참 T.T

조해연   야구 그만둔다니까 엄마가 뭐라고 하셨어요?

조　현　말도 마라. 아빠 주변 사람들은 난리가 났었지. 프로야구 선수로 골든글러브를 받는 게 아빠의 어릴 적 꿈이었던 걸 알기에 다들 복귀하라고 했지만, 끝까지 남았었지. 한순간에 미래가 없어진 기분이더라. 할아버지, 할머니를 볼 면목이 없어 '성공해서 찾아뵙겠다'라고 말씀드리면서 결별까지 했었으니까. 모두가 힘든 시간이었지. 그래도 엄마는 아빠를 늘 응원했어. 니 엄마는 정말 대단한 사람이야.

조해연　야구 그만두고 어떻게 골프 할 생각을 하셨어요?

조　현　무엇을 하면 좋을까? 내가 잘 할 수 있는 것은 무엇일까? 수도 없이 고민했는데, 골프는 야구와 달리 나이 들어도 몸 관리만 잘하면 오랫동안 선수 생활을 할 수 있잖아. 나이도 젊었고, 충분히 해볼 만하다고 생각한 거지.

조해연　그땐 내가 갓난아기였다면서요?

조　현　맞아. KPGA 프로테스트 떨어질 때마다 갓난쟁이인 울 딸 얼굴이 생각나면서 얼마나 눈물이 나던지 그때 생각만 해도 힘드네.

조해연　골프 처음 시작할 때 투어프로로서 우승하는 게 목표였다고 했잖아요.

조　현　그랬는데, 프로테스트 통과하고 2부 투어 뛰던 중 허리부상이 심해져서 더는 볼을 칠 수 없게 되면서 계획을 바꿨어. 우리나라에서 최고의 골프 레슨 프로가 되기로 결심했지. 남들이 다 하는 일반적인 레슨 방식이 아니라 아빠만의 레슨 이론과 노하우를 전수하겠다는 생각이었어. 몇 년 동안 골프 관련 네 가지, 역학, 신체, 장비, 심리 이론 공부에 몰두하면서 여러 자격증도 땄고, 대학원에서는 비거리와 악력에 관한 논문도 썼지.

2장

영재성 발굴하기

만다라트 계획표를 만든다고 해서 모든 아이의 꿈과 목표
가 이루어지는 것은 아니다. 앞서 설명했듯이 꿈과 목표가
있는 아이와 그렇지 않은 아이의 차이는 상당하다. 그 차이
는 시간이 지날수록 더 벌어진다.

선택은
아이에게 맡겨라

시간 때우기로 운동하는 아이, 무엇이 문제일까?

　내 주변 프로골퍼들의 말을 들어보면 부모님 권유로 골프를 시작했다는 사람이 많다. 예를 들어 아버지의 권유로 골프를 시작해 원하든 원치 않든 골프선수의 길을 걸어왔다는 것이다. 운동선수라는 것이 특수한 직업이긴 하지만, 내 직업이 누군가의 권유나 의지에 따라 결정된다면 오랫동안 의욕적으로 일할 수 있을지 의문이다. 어찌 되었든 타의에 의해 시작한 일이니 즐거운 마음으로 일할 수 있을지도 확신이 서지 않는다. 그런 삶에서 행복을 찾을 수는 있을까?

　부모의 권유로 골프를 시작해 제법 이름을 날린 선수가 많다. 우리나라 골프선수 아버지들이 아이의 재능과 잠재력을 보는 안목이 좋았던 것인지는 모르겠으나 세계 무대에서 이름을 날린 선수들의 운동 시작 배경에는 약속이나 한 것처럼 아버지가 있다.

나는 결과에 상관없이 운동은 아이가 스스로 선택하는 것이 바람직하다는 의견이다. 부모가 아이의 운동을 찾아주는 것과 아이 스스로 운동을 결심하는 것에는 각각의 장단점이 있다.

먼저 부모가 아이의 운동을 찾아주면 아이의 재능을 일찍 발견해서 키울 수 있고, 직업 선택으로 고민하는 시간을 줄여주며, 가족의 적극적인 뒷바라지를 등에 업고 운동에만 전념할 수 있다.

그러나 부모의 권유로 마지못해 운동을 시작하는 아이는 장점보다 많은 단점에 직면하게 된다. 아래는 내 주변에 부모의 권유로 운동을 시작했다는 아이들을 오랫동안 관찰하면서 찾아낸 공통점들이다.

첫째, 원하지 않는 운동을 강요받는다.

둘째, 자주적으로 운동하지 않는다. 눈치를 보면서 어쩔 수 없이 시간 때우기로 운동하는 아이가 많다.

셋째, 힘들면 부모에게 의지하거나 포기해버린다.

넷째, 자신의 삶이 아닌 부모의 삶을 살아가고 있다는 생각이 들기도 한다.

다섯째, 꿈을 이루든 이루지 못하든 운동을 오래 하지 못한다.

여섯째, 열정의 온도가 낮다.

일곱째, 책임감이 덜하다.

반면에 아이가 하고 싶은 운동을 스스로 선택한 경우는 어떨까?

첫째, 힘들어도 누군가를 원망할 수 없다.

둘째, 자기 선택이 옳았다는 것을 보여주기 위해 책임감 있게 운동한다.

셋째, 운동을 대하는 자세가 진지하다.

넷째, 꿈을 이루든 이루지 못하든 운동을 오랫동안 건강하게 할 수 있다.

이처럼 모든 아이가 똑같은 태도를 보이는 건 아니다. 각자의 목표와 행복을 위한 지향점도 달라서 어느 방향이 반드시 옳다고 단정할 수도 없다. 선택은 각자의 몫으로 남겨두겠다.

중요한 건 내가 낳은 아이라고 해서 내 인생이 될 수는 없다는 점이다. 어린아이라도 자신의 인생을 스스로 설계할 자유와 권리가 있다. '아이의 장래를 위해'라는 명분만을 내세워서 부모들의 욕심을 채워서는 안 된다.

아이에게 자유와 권한을 무한정 주자는 것은 아니다. 아이에게 선택 권한을 준다는 것은 책임감을 부여하는 것과 같다. 권한을 준 만큼 책임감이 뒤따른다는 것을 알려주는 것이 부모의 역할이다.

손흥민은 축구선수 출신 아버지가 있었지만, 축구를 시작한 건 본인의 확고한 의지였다. 아버지 손웅정 감독은 어린 손흥민에게 축구가 얼마나 힘든 운동인지를 설명하면서 '그래도 축구를 하겠냐'고 여러 차례 물었다고 한다. 결국, 손흥민은 자신의 의지대로 축구를 시작하게 되었다. 그래서 손흥민은 아버지에게 우스개를 던지듯이 이렇게 말하기도 한다.

"아무리 생각해도 그때 아버지가 한 말은 신의 한 수였어. 내가 먼저 하겠다고 한 게 맞으니까 무슨 토를 달 수가 없잖아."[35]

나는 딸 아이가 골프를 하길 바랐지만, 아이에게 강요는 물론이고 권유도 하지 않았다. 아이 스스로 '골프가 하고 싶다'라는 말을 할 때까지 인내력을 가지고 지켜보면서 기다렸다.

나라고 조바심이 없었던 건 아니다. 아이는 나를 닮아서 키가 크고 운동신경이 좋았다. 다른 부모들처럼 '내 아이가 스포츠 영재인가?' 하는 생각도 해봤다.

내가 조바심을 감추고 기다릴 수 있었던 건 지금 어떤 운동을 하더라도 아이가 경험했던 모든 것이 골프에 적지 않은 도움이 될 것이라고 확신했기 때문이다. 연기 아카데미에서 노래와 춤을 배울 때도 그랬다. 모든 스포츠는 손발과 몸을 함께 쓴다. 운동 종목이 다르다고 해서 운동 원리가 달라지지 않는다. 어떤 운동을 하든 다 똑같은 운동 원리에서 벗어나지 않는다.

그렇다고 아무 대책도 없이 무작정 기다린 것은 아니다. 아이가 여러 운동을 경험하면서 흥미를 갖거나 자극을 받도록 했다. 결국, 아이는 여러 운동 중에 골프를 스스로 선택했다. 골프가 지닌 경제적, 사회적 특성과 비전을 보고 어려운 결단을 내린 것으로 보인다.

동기부여는 연료와 같다

아이 스스로 운동선수가 되겠다고 선언한다면 칭찬받아야 할 일이다. 태어나 처음으로 미래를 설계하면서 장차 운동선수가 되겠다고 결심한 뒤 조심스럽게 입을 열었을 것이다. 꿈도 목표도 계획도 없이 게임에만 빠져 사는 또래의 일부 아이들과 비교하면 대견한 일이다.

해연이가 골프를 시작한 건 중학교 3학년 때였다. 보통 초등학교 때 골프채를 잡는 또래와 비교하면 많이 늦은 나이였다. 하지만 오랫동안 진지하게 고민하면서 시작했기 때문에 골프를 대하는 태도와 책임감이 남달랐다.

여기서 한 가지 주의할 점이 있다. 아이가 원하는 것을 너무나도 쉽게 손에 쥐여주면 꿈과 목표를 쉽게 잃어버릴 수 있다. 아이가 원하는 운동을 할 수 있도록 도와주는 대신에 조건을 걸거나 약속을 받아내는 것이 그것을 예방하는 방법이다. '힘들어도 중도에 포기해선 안 된다'라든지 구체적인 목표를 제시해주면 아이에게 큰 동기가 된다. 운동 시작 전에 부모와 이런 약속을 한 아이와 그렇지 않은 아이의 차이는 상당하다.

한국의 부모와 미국의 부모를 예로 들어보자. 자식을 사랑하는 마음은 같지만, 사랑하는 방식은 전혀 다르다. 한국의 부모는 아이들이 원하면 대부분 거절하지 못한다. 처음엔 거절했다가도 아이가 보채면 두 손 들고 만다. 결국, 아이가 이긴다.

미국의 부모들은 아이가 떼를 써도 원하는 물건을 쉽게 사주지 않는다. 초등학교 저학년 아이라도 마찬가지다. 사고 싶은 물건이 있으면 스스로 돈을 모아서 사도록 한다. 어머니의 설거지를 돕거나 아버지와 세차하면서 용돈을 모으게 하고, 모은 돈으로 평소 갖고 싶었던 것들을 사도록 한다. 아이는 자기가 일해서 번 돈으로 산 물건을 함부로 다루지 못한다. 쉽게 싫증 내거나 던져 버리는 일도 없다.[36]

인생이 걸린 진로 선택은 말할 것도 없다. 아이의 선택은 존중하되 원하는 것을 손에 넣기 위해서는 그만한 노력과 책임감이 뒤따른다는 걸 가르쳐야 한다. 그것이 부모가 해야 할 일이자 아이에게 해줄 수 있는 가장 큰 응원이다.

`이종범은 아들 이정후가 야구 하는 것을 반대했다. 자신은 가난에서 벗어나기 위해 힘든 야구를 했지만, 아이에겐 힘든 길로 내몰고 싶지 않았다. 그러나 이정후는 아빠가 전지훈련을 간 사이 엄마와 야구부에 등록해 어쩔 수 없이 허락해주었다고 한다.

단, 한 가지 조건이 있었다. 오른손잡이 이정후에게 왼손으로 야구 하라는 것이었다. 야구는 왼손 타자가 무조건 유리하다는 이유에서다. 그때부터 이정후는 왼손으로 야구를 시작했는데, 3년 정도 지나니까 오른손보다 왼손이 더 편해졌다고 한다. 십 수년 뒤 이정후는 국내 최고의 왼손 타자가 되었다.

왜 이렇게까지 해야 할까? 아이들에게 동기부여는 전기와 같은 동력이기 때문이다. 전기로 움직이는 열차에 전기가 들어가지 않거나 전압이 약하면 작동하지 않는다. 사람도 마찬가지다. 동기라는 동력이 없으면 한 발짝도 앞으로 나아가지 못한다. 능력이 있고 없고의 문제가 아니다. 출중한 능력이 있어도 동기 없이는 능력을 발휘하지 못한다. 사람의 능력은 공부할수록, 경험이 쌓일수록 점차 확장해가지만, 동기를 잃어버리면 가지고 있던 능력도 발휘하지 못한다.[37]

부모의 의지나 강요가 들어가서는 안 된다. 그건 부모의 뜻에 따라 운동을 시작하는 것과 다르지 않다. 아이 스스로 운동을 선택했으니 목표와 계획도 아이 스스로 세울 수 있도록 옆에서 돕는 것만으로도 부모의 역할은 충분하다.

강요받은 공부는 누구라도 하기 싫은 것처럼 운동을 강압적인 분위기 속에서 어쩔 수 없이 하게 된다면 운동에 대한 의욕도 능률도 떨어진다. 누군가가 시켜서 하는 운동이 아니라 스스로 부족한 것을 찾아서 하는 운동이 훨씬 효율적이고 효과도 크다. 보상회로의 작동이 다르기 때문이다. 즉 동기를 활용하는 시스템이 다르다. 능력이나 학습량을 늘리기보다 스스로 가치를 판단하고 조절해서 얻는 동기를 키워주는 것이 우선시 되어야 한다.[38]

[표 2-1] **누구의 권유로 운동을 시작했나요?**

※2022년 10월 실시한 전·현직 스포츠 선수와 지도자 설문조시 결과.

아이에게 모든 권한을 위임할 경우 한 가지 문제가 있다. 아이의 선택이 늦어지면 꿈을 이룰 시기도 놓칠 수 있다. 나도 그랬다. 처음에 우려했던 것처럼 아이는 쉽게 결정을 내리지 못했다. 결국, 선수가 될 시기를 놓치고 말았다. 그래도 난 후회하지 않는다. 아이의 행복 외에는 바라는 것이 거의 없었기 때문에 기다리는 동안에도 너무 조바심을 갖지 않으려고 했다. 비록 운동선수로는 키우지 못했으나 아이는 좋아하는 운동을 책임감 있게 할 수 있게 되었고, 지금도 자기가 하는 일에 만족감을 느끼면서 살고 있다.

운동은 아이 스스로 선택해야 한다는 신념을 갖게 된 건 부모의 권유로 골프를 시작한 주니어선수들을 너무나도 많이 봐왔기 때문이다. 아빠가 골프를 좋아해서, 소질이 있다는 이유로 골프채를 쥐게 되었는데, 그때부터는 자신의 삶이 아니라 누군가의 삶을 대신 살게 된다. 아이는 골프연습장에서 비싼 이용료와 레슨비를 내면서도 영혼 없이 아무렇지도 않다는 듯 시간 때우기로 운동한다. 책임감과 목표의식도 없다. 이래도 아이를 위한 선택이었다고 당당하게 말할 수 있을까?

행복을 추구하는 가치는 사람마다 다르다. 성공 기준도 제각각이다. 내 아이는 내가 낳았지만 나와는 다른 인격체다. 당연히 행복을 추구하는 가치와 성공에 대한 기준이 나와는 다를 수 있다. 내 편협한 생각을 아이에게 주입하고 내가 정한 삶을 강요한다면 나는 물론이고 아이도 행복할 수 없다.

우리나라 여자골프가 세계 최강으로 우뚝 설 수 있었던 원동력 중에 부모들의 헌신적인 뒷바라지를 빼놓을 수 없다. 그러나 부모의 손에 이끌려 강압적인 분위기 속에서 몸을 혹사하면서 정상에 선 선수들은 선수 생활을 오래 하기 어렵다. 20대 중반만 되어도 온몸이 부상으로 만신창이가 된다. 한 번 슬럼프에 빠지면 헤어나기도 어렵다. 그것을 이유로 필드를 떠나는 선수도 있다. 어린 나이에 많은 것을 이룬 선수는 목표의식을 갖기도 어렵다. 목표가 실종된 상태에서 투어를 전전하다 30대 중반쯤 은퇴를 선언하기도 한다.

만약 내가 아이에게 '너는 재능이 있으니 골프를 해라'라고 강요했다면 어땠을까? 지금처럼 골프를 행복하게 즐기는 모습은 볼 수 없었을지도 모른다.

나 역시 야구를 시작한 건 내 의지였다. 3살 터울 형이 같은 초등학교 야구부였다. 형이 운동하는 모습을 구경만 하다 호기심이 생겨 시작하게 되었다. 다행히 집에서는 반대하지 않았다. 내가 어릴 적부터 밖에서 뛰어노는 걸 좋아했고, 소질도 있어서 흔쾌히 허락해주셨다. 야구와 공부를 모두 잘했던 형은 고등학교 2학년 때 공부를 선택하면서 야구를 그만두었고, 나는 중학교 때부터 본격적인 선수 생활을 시작했다. 만약 그때 야구를 하지 않고 다른 누군가에 의해 다른 운동을 시작했다면 어땠을까? 생각만 해도 눈앞이 깜깜해진다.

즐기는 아이가
이긴다

고교 최강 배명고의 침몰

1992년은 배명고등학교를 빼고 고교야구를 논할 수 없다. 당대 고교 최강이던 배명고에는 김동주, 이경필이라는 두 에이스가 버티고 있었다. 김동주는 투수로 맹활약하면서 타자로서도 맹타를 휘둘렀다. 충암고와의 경기에선 0대8로 뒤져있을 때 만루홈런 두 방으로 동점을 만들었고, 연장전에서 3점 홈런을 쏘아 올려 11대8 거짓말 같은 역전승을 거뒀다. 부끄럽지만, 나 역시 배명고의 3관왕 주역이었다. 중심타선에서 4경기 연속 홈런을 터트리며 막강 타선의 화력을 지원했다.

배명고는 1991년에 대통령배와 봉황대기에서 4강에 든 강팀이었다. 3학년에 에이스 김상엽이라는 투수가 있었고, 좌완 투수 예상효도 잘 던졌다. 청소년 대표 포수 김석용, 1루수 김래현도 배명고의 전성기를 이끈 멤버다.

1992년에는 시즌 시작 전부터 최강 전력이라는 평가를 받았다. 이경필과 김동주 외에도 이영민 타격상을 받은 노상진이 있었고, 포수 장성국(장준혁으로 개명)이 뛰어난 활약을 펼쳤다.

그러나 배명고는 그해 초 열린 대통령배 1회전에서 공주고에 11대10 한 점 차 충격적인 패배를 당하며 예선 탈락했고, 이어 열린 청룡기에서도 예선 1차전에서 떨어졌다.

두 대회에서 전부 1차전 탈락을 하고 나니 경기에 나서기가 두려웠다. 타석에 들어가는 것마저 불안했다. 루 상에 주자가 있으면 그 타석은 피하고 싶었다. 나뿐 아니라 모든 선수가 그랬던 것으로 기억한다. 매일 하는 운동이 더 힘들게 느껴졌다. 지도자들도 신경이 곤두서 있었다. 야구의 재미나 즐거움은 사라졌고, 육체적 · 정신적 고통만 밀려들었다.

무엇이 문제였을까? 내게 고교 3학년은 운동의 즐거움과 고통을 모두 느낀 한해였다. 시즌 초에는 극단적인 고통과 스트레스 속에서 허우적대고 있었다. 주변에선 '고교 최강'이니, '최강 전력'이니 하면서 우릴 추켜세웠다. 이기면 당연하고 지면 욕을 먹는 분위기가 되어버렸다. 선수들은 즐기지 못했고, 이겨야 한다는 강박관념에 사로잡혀 있었다. 선수나 지도자들이나 성적에 일희일비했다. 그럴수록 더 위축된 플레이를 할 수밖에 없었다. 당시 시즌 초반 2연패는 그런 분위기 속에서 만들어진 처참한 흔적이다.

팀 분위기가 달라진 건 여름 시즌부터다. 여름방학 기간에 열린 봉황대기를 시작으로 황금사자기, 전국체전을 연거푸 우승하며 3관왕에

올랐다. 봉황대기 결승에선 막강 타선을 앞세워 강호 경남고를 14대2
로 대파했다.

불과 한두 달 사이 배명고에는 무슨 일이 있었던 걸까? 나는 당시 배
명고의 극단적인 두 얼굴을 보았다. 운동을 즐기지 못하고 고통받던 선
수들과 지도자들의 암울했던 표정만으로도 그때의 배명고 분위기를 짐
작할 수 있었다. 다행스럽게도 '즐기지 못하는 야구'가 문제였다는 것
을 모두가 깨우치기까지 많은 시간이 걸리지 않았다.

[표 2-2]　**1992년 배명고 야구부의 3관왕 멤버들**

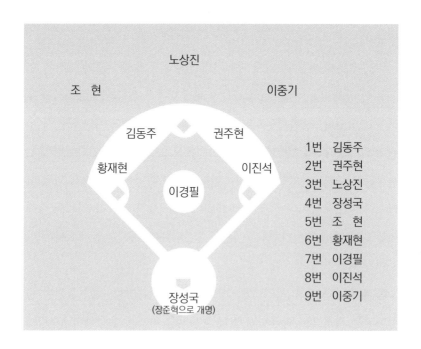

두 대회 연속 예선 1차전 패배를 경험하니 더 추락할 곳은 없었다. '고교 최강'이니 '최강 전력'이니 하는 거추장스러운 수식어도 깨끗하게 사라졌다. 선수들은 좋든 싫든 밑바닥에서 다시 시작해야 했다. 부담감을 내려놓으니 신기하게도 운동을 즐길 수 있게 되었다. 우린 경기 결과에 연연하지 않고 즐기면서 플레이했다. '즐기는 야구'의 결실은 빠르게 나타났다.

봉황대기 우승 후 팀 분위기는 더 좋아졌다. 모든 선수가 즐겁게 운동했고, 서로 마운드와 타석에 서고 싶어서 치열하게 경쟁했다. 야구가 즐거워지니 훈련량은 자연스럽게 늘어났다. 똑같은 시간 운동을 해도 집중력과 효율성은 이전보다 더 올라갔다. 늘어난 연습량과 높아진 집중력은 경기력 향상으로 이어졌다. 높아진 경기력은 자신감으로 표출되었다.

우린 한 달 뒤 황금사자기에서도 우승했다. 전국대회 2연패를 달성하자, 우린 어느덧 이기는 데 익숙해져 있었다. 어떤 상황에서도 질 것 같은 기분이 들지 않았다. 뒤진 상황에서 9회를 맞아도 더그아웃 분위기는 가라앉지 않았다. 너나 할 것 없이 뒤집을 수 있다는 자신감이 넘쳤다. 실제로 우린 마음 먹은 대로, 말했던 대로 이루고야 말았다. 전국체전에선 서울 대표로 출전해 우승컵을 들었다.

운동 경기는 종이 한 장 차이로 승패가 갈린다. 그런데도 이기는 팀은 늘 이기고 지는 팀은 계속 진다. 그 미세한 차이는 '즐기는 마음'에서 온다는 것을 나는 고교 3학년 때 뼈저리게 느꼈다. 즐기는 마음은 자신감과 비례한다. 자신감이 있는 선수는 어떤 상황이라도 즐길 수 있지만,

그렇지 않은 선수는 유리한 상황에서도 즐기지 못한다. 그럼 자신감은 어디에서 올까? 연습량과 비례한다.

2012 런던올림픽 레슬링 금메달리스트 김현우는 올림픽 개막 전 인터뷰에서 "나보다 더 땀을 흘린 선수가 있다면, 금메달을 가져가도 좋다"라는 말을 해 화제가 되었다. 이때까지 이런 자신감 넘치는 인터뷰는 본 적이 없었다. 그만큼 정직하게 많은 땀을 흘렸기에 자신감 넘치는 말을 남길 수 있었을 것이다. 1992년 여름, 배명고 야구부가 그런 마음이었다.

운동량과 실력 향상 반드시 비례할까?

즐거움은 운동량과 비례한다. 운동이 즐거운 아이들은 누가 시키지 않아도 스스로 부족한 것을 찾아서 운동한다. 운동이 즐거운 아이들이 운동을 즐기지 못하는 아이들보다 운동량이 적은 경우는 찾아보기 어렵다. [표 2-3]처럼 많은 운동량은 실력 향상으로 나타나고, 실력 향상은 좋은 성적으로 이어진다. 대회 성적이 좋은 아이들은 운동을 즐기면서 더 많은 연습에 매진한다. 실력은 더 향상되어 더 좋은 성적을 내는 선순환이 이어진다.

[표 2-3] **운동을 즐기는 아이와 즐기지 못하는 아이의 운동 성과 순환표**

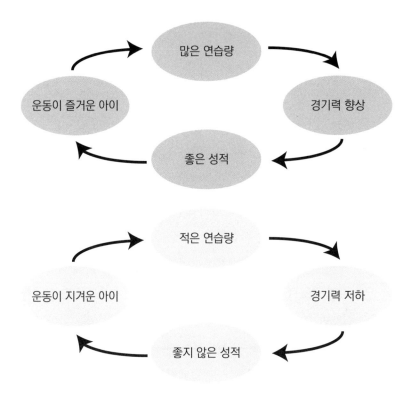

반면에 운동을 즐기지 못하는 아이들은 훈련을 스스로 하지 못한다. 시키지 않으면 안 한다. 운동에 임하는 자세나 집중력도 좋지 않다. 실력은 크게 나아지지 않고, 대회 성적도 좋을 리 없다. 대회 성적이 좋지 않은 아이들은 운동에 더 흥미를 잃고 연습도 게을리한다. 대회 성적은 더 떨어지는 악순환이 계속된다. 두 그룹 아이들의 실력 차이는 시간이 갈수록 더 벌어진다.

그렇다면 많은 운동량은 반드시 실력으로 나타나는 것일까? 운동의 효율성을 따지지 않을 수 없지만, 일반적으로 운동량이 많은 아이는 그렇지 않은 아이보다 좋은 기량을 갖출 가능성이 크다.

스포츠 영재나 천재들은 큰 노력 없이도 높은 기량과 좋은 대회 성적을 낼 수 있다고 믿는 사람도 있는데, 그렇지는 않다. 스포츠 영재나 천재들도 보통 아이들과 똑같은 사람이다. 훈련해야 기술이 좋아진다. 누구라도 노력하지 않으면 도태된다. 앞에서도 설명했듯이 스포츠 영재라고 해도 평범한 아이보다 유리한 점이 많지는 않다. 성장 과정에서 연습을 게을리하는 아이는 평범한 아이들에게 따라잡힌다.

축구천재 리오넬 메시는 자신의 축구 기술에 대해 "특별한 방법은 없고 그냥 매 순간 축구공과 함께 있으면 된다. 나는 어렸을 때부터 온종일 공을 차며 놀았다[39]"고 고백했다. 리오넬 메시는 둘째가라면 서운해할 축구천재다. 그런 그의 유일한 축구 기술 비결은 연습뿐이었다.

'운동만 많이 한다고 해서 실력이 좋아지는 건 아니다'라고 주장하는 사람도 있다. 골프 같이 정교한 스윙 자세와 터치를 요구하는 종목이 그렇다. 일리 있는 말이다. 잘못된 동작으로 오랜 시간 연습하면 몸만 망가지고 실력은 늘지 않는다.

그러나 이 역시 스포츠 스타들의 성장 과정을 들여다보면 판단이 달라진다. '한국 여자골프의 어머니'라 불리는 구옥희는 미국여자프로골프LPGA 투어와 일본여자프로골프JLPGA 투어에서 전부 한국인 처음으로 우승했다. 그는 잠자는 시간과 밥 먹는 시간을 제외하고 모든 시간을 연습하는 데 쏟아부었다. 누군가에게 레슨을 받지도 않았고, 트레이너도 없어서 스윙 자세가 엉성했지만, 오로지 연습으로서 악조건을 극복하고 일본에서 통산 23승을 올렸다.

연습을 많이 해서 대선수가 된 사람은 여럿 봤어도 연습을 많이 안 하고 대선수가 되었다는 사람은 본 적이 없다. 스포츠 영재라도 피나는 노력 없이는 정상에 서지 못한다.

충분한 연습이 담보되지 않은 자신감은 무모함

골프는 어떤 운동보다 '즐긴다'라는 말이 유용하게 널리 사용되는 스포츠다. 선수들의 경기 전후 인터뷰를 들어봐도 마치 약속이라도 한 것처럼 '즐기면서 플레이하겠다', '즐기면서 플레이했다'라고 말한다.

실전에서 즐기기란 말처럼 쉬운 일이 아니다. 충분한 연습량이 담보되지 않는 한 불가능하다. 충분한 연습이 담보되지 않은 자신감은 무모함이다.

여러 스포츠 스타의 성장 · 발달 과정을 분석해보면 '즐기는 운동'의 중요성을 실감할 수 있다. 아마추어 시절 방황의 연속이던 이상훈에게 야구는 즐거움 그 자체였다. 다른 아이들처럼 원하는 프로 구단에 들어가고 싶다거나 박노준이나 박철순처럼 유명한 프로야구 선수가 되겠다는 꿈을 가져본 적도 없다. 프로가 되기 위해 야구부가 있는 학교로 전학 가야 한다는 부담도 갖지 않았다. 그저 친구들과 야구 하는 것이 좋았다.[40]

그랬던 이상훈이 마음을 다잡고 훈련에 매진하기 시작한 건 대학 4학년 때다. 운동 자체가 즐거워지면서 근력 운동을 시작했고, 고려대 연수관에서 같이 기숙하던 럭비부, 축구부와 어울리며 그들이 하는 훈련을 따라 하기도 했다. 뭘 먹고 마셔도 꿈쩍 않던 깡마른 체격이 이때부터 불어나기 시작했다. 근육이 늘어나니 힘도 따라 올랐다. 볼 끝에도 힘이 붙기 시작하더니 150㎞/h 가까이 나왔다.[41]

골든글러브를 3회 수상하고 프로 통산 2,000 안타를 달성한 이용규는 아마추어 시절에도 유난히 작고 마른 몸이었다. 그의 작은 체구는 진학은 물론이고 프로 구단 지명 때도 치명적으로 불리하게 작용했다. 작은 체구를 극복하고 대선수로 성장할 방법은 연습밖에 없었다. 그가 많은 연습에 열정을 쏟을 수 있었던 것도 즐거움이다.

"특별히 야구를 잘하려고 한 게 아니라 야구를 워낙 좋아하고 재미있어서 많은 연습을 할 수 있었다. 힘들었지만, 즐기면서 하다 보니 덜 힘들었다. 스윙 연습을 매일 하니 조금씩 달라지는 걸 느꼈다. 그런 게 느껴지니까 더 재미있어서 더 열심히 연습했다.[42]"

2002 국제축구연맹FIFA 한일 월드컵 4강 신화의 주역 이영표 역시 왜소한 체격이었지만, 드리블로 사람들을 제치는 것이 재미있어서 축구에 몰입하게 되었다고 한다.

극한의 인내력이 요구되는 마라톤도 즐기는 마음 없이 인내력만으로는 완주가 어렵다. 국민 마라토너 이봉주는 2010년 출간한 자신의 저서 『봉달이의 4141』에서 "인생에서 과정을 즐기지 못하는 자는 루저다. 아무리 노력해도 즐기지 못하면 고통뿐인 삶이 된다. 결국, 레이스를 포기하게 된다. 마라톤은 자기와의 고독한 싸움이다. 자기와의 고독한 싸움에서 이김으로써 비로소 내가 완성된다[43]"라고 주장한다.

운동에서 즐거움이 실종되면 결과는 뻔하다. 즐겁지 않은 운동을 장시간 하기는 어렵다. 짧은 운동 시간마저 집중하지 못하고 시간 때우기가 될 가능성이 크다. 야구나 축구 같은 단체종목은 동료선수들에게 피해를 주고, 골프 같은 개인 운동은 혼자서 도태되고 만다. 골프연습장에는 온종일 시간만 때우다 가는 어린 선수들이 너무나도 많다. 그런 아이들을 보면 심란해서 한숨이 절로 나온다.

즐거움이라는 중요한 요소가 실종된 선수는 프로가 되더라도 위험요소가 사라지지 않는다. 즐거움이란 경지에 오르지 못하고 승리와 돈만을 목표한다면 부상으로 이어질 가능성이 크다. 온몸이 혹사당해서 또래보다 일찍 은퇴하는 선수도 많다.

이종범의 끝나지 않을 것 같았던 신화도 부상으로 제동이 걸렸다. 이종범은 해태 타이거즈 입단 후 오로지 돈을 벌기 위해 열심히 치고 달렸다고 한다.

"살이 찢어지면 꿰매면 된다. 뼈만 부러지지 않으면 경기에 나갔다. 꿰맨 데가 터지면 다시 꿰매면 된다. 그래야 성공한다."[44]

일반 사람이라면 상상하기도 어려운 정신력이다. 그의 투지가 어느 정도였는지 짐작할 수 있다. 그러나 이종범은 일본 진출 후 타석에 바짝 붙어 스윙하려다 한신 투수 가와지리 데쓰로川尻哲郎가 던진 공에 오른쪽 팔꿈치를 맞고 쓰러졌다. 이 사건으로 이종범의 전성기는 막을 내렸고, 야구 인생 내리막길을 걷게 되었다.

"내가 욕심을 부려서 타석에 바짝 붙어 있었다. 그땐 돈을 보고 야구를 했다. 다시 시작한다면 절대 그러지 않을 것 같다. 야구를 보고 즐겨야지 돈을 보고 뛰면 안 된다."[45]

운동을 즐길 줄 안다는 건 대단한 경지다. 어쩌면 운동선수로서 최고의 경지일지도 모른다. 그래서 즐기는 마음 자체가 재능이라고 말하는 사람도 있다. 아이들의 스포츠 재능이라고 하면 경기력과 운동신경, 이해력 등을 들 수 있지만, 즐기는 모습만으로 재능을 읽기는 쉽지 않다.

예를 들어서 TV 오디션 프로그램에서 심사위원이 한 오디션 참가자에게 '춤이나 노래 실력이 있어서가 아니라 즐기는 모습이 좋아서 뽑았다'라고 말하는 것을 본 적이 있다. 진짜 즐기는 모습만 보고 뽑았을까? 심사위원은 오디션 참가자의 즐기는 모습을 통해 재능을 발견했을 것이다. 스포츠도 크게 다르지 않다. 선수가 즐기며 행복해하는 모습에서 재능을 발견하기도 한다.

캐나다의 피겨스케이팅 선수 출신이자 김연아의 코치였던 브라이언 오서Brian Ernest Orser는 2009년 발간한 자신의 책 『한 번의 비상을 위한 천 번의 점프』에서 "재능이란 점프를 하거나 빨리 스케이트를 타는 것을 의미하는 것 같지는 않다. 내가 점프할 때의 특별한 감각에 사로잡혀 매일매일 그 순간에 몰두했듯이, 연아가 금세 점프 감각을 몸에 익히고 비디오를 보며 세계적인 선수들을 모방했듯이, 그 무언가를 무조건 즐기는 마음이 나와 연아가 가야 할 길을 결정한 계기였다. 재능이란 너무나 즐거워서 스스로 노력하게 하는 것을 말하는지도 모른다[46]"라고 밝혔다.

긍정적인
생각의 중요성

내향적인 성격과 운동 경기력

아이들에게 운동을 가르치면서 한 가지 주제에 흥미를 갖게 되었다. 아이들의 성격과 운동 수행능력의 상관관계다. 다소 엉뚱하기도 한 이 주제에 관심을 가진 이유는 '아이의 성격을 고쳐주고 싶어서 운동을 시키려 한다'는 부모의 이야기를 자주 들었기 때문이다.

운동하면 성격이 활달해진다는 선입견이 많다는 방증이다. 운동으로 몸과 마음을 건강하게 하고 사회성을 기를 수 있지만, 내성적인 성격을 외향적으로 바꿔준다는 주장은 설득력이 떨어진다. 논리적인 근거도 부족하다. 어릴 적부터 10년 이상 운동한 스포츠 스타들을 살펴보아도 '운동하면 성격이 활달해진다'라는 말은 선입견에 가깝다는 걸 알 수 있다.

세계적인 축구 스타 메시의 어린 시절을 들여다보자. 내향적인 성격의 스포츠 스타로 유명하다. 어릴 적부터 얌전하고 부끄러움이 많은 아이였다. 메시의 초등학교 1학년부터 3년간 담임을 맡았던 모니카 도미나Monica Domina는 "내가 가르쳤던 아이 중에서 가장 부끄러움을 많이 탔던 아이 중 한 명이다. 먼저 말을 걸지 않으면 교실 뒤에서 조용히 앉아만 있었다. 축구 시합을 하면서 트로피나 메달을 따오기도 했는데, 자기가 축구를 얼마나 잘하는지, 골을 어떻게 넣었는지 일절 자랑하는 법이 없었다[47]"라고 회상했다.

메시는 세계적인 축구 스타가 되어서도 내성적인 성격을 버리지 못했다. 왜소한 체격과 내향적인 성격, 심지어 리더십도 부족했다. 오로지 축구 실력만으로 슈퍼스타가 되었다.

[표 2-4] 평소 어떤 성격인가요?

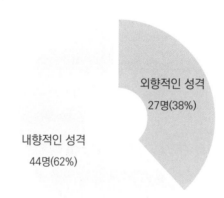

외향적인 성격
27명(38%)

내향적인 성격
44명(62%)

※2022년 10월 실시한 전 · 현직 스포츠 선수와 지도자 설문조사 결과.

우리나라 스포츠 스타 중에도 내향적인 성격을 가진 선수가 적지 않다. 소속팀처럼 익숙한 환경에서는 내향적인 모습이 잘 드러나지 않는다. 그러나 그라운드나 코드에서 펄펄 날던 선수들이 처음 만난 사람이나 환경에는 낯을 심하게 가리는 모습을 본 적이 있을 것이다.

나는 팀에서 가장 말이 없던 선수 중 한 명이었다. LG 트윈스엔 내향적인 선수가 많이 있었는데, 그중에서도 나보다 내향적인 사람은 거의 없었던 것 같다. 배명중·고등학교와 LG 트윈스에서 함께 선수 생활을 한 예상효 선배는 나만큼이나 내향적인 선수였다.

배명중학교 재학 시절이었다. 예상효 선배가 내향적인 성격을 고쳐보자며 나를 롯데월드로 데려갔다. '성격을 고쳐야 야구도 더 잘할 수 있을 것'이라는 이유에서였다. 그리고는 '길가는 사람들한테 말을 걸어보는 연습을 하자'고 했다. 나한테는 대단히 어려운 과제였다. 일면식도 없는 사람들에게 도저히 말을 걸 자신이 없었다. 선배는 우리 또래 중학생 여자아이들에게 접근해 말 걸기를 시도했다. 나만큼이나 내향적이던 선배의 대담한 행동에 깜짝 놀라지 않을 수 없었다. 진짜 성격 고치기가 목적이었는지 모르겠지만, 내향적인 성격을 고쳐보겠다고 롯데월드까지 가서 헌팅하던 선배의 엉뚱함이 잊히지 않는다. 하지만 선배는 LG 트윈스 입단 후에도 내향적인 성격을 고치지 못했다.

결국, 아이들의 성격과 운동 수행능력에는 상관관계가 아주 미미하거나 거의 찾기가 어렵다는 결론에 다다르게 된다. 그보다 '긍정적이냐', '부정적이냐'를 관찰하는 것이 훨씬 흥미롭고 진보적인 결과를 얻을 수 있을 것 같다.

긍정의 힘에 대해서는 굳이 설명하지 않아도 대부분 사람이 익히 잘 알고 있으리라 생각한다. 오스트리아의 심리학자이자 의학박사인 지그문트 프로이트Sigmund Freud의 심리실험으로 여러 차례 증명되었을 뿐 아니라 여러 학술자료와 언론 보도, 심리학 도서 등에서 우리는 긍정이 주는 힘을 배울 수 있었다.

매사에 긍정적인 아이들과 그렇지 않은 아이들에게 똑같은 방법으로 운동을 시켜보면 그 결과에 깜짝 놀라지 않을 수 없다. 매사 긍정적인 아이들에게는 아래와 같은 공통점이 있다.

첫째, 목표가 뚜렷하다.

둘째, 자신감이 있다.

셋째, 잘 포기하지 않는다.

넷째, 결과가 좋지 않더라도 주변을 원망하거나 남 탓으로 돌리지 않는다.

다섯째, 위기에서도 기회를 찾는다.

두 그룹의 아이들은 바둑판에 똑같이 놓인 돌을 보더라도 전혀 다른 생각을 한다. 부정적인 성격의 아이들은 좁은 울타리에 걸힌 돌멩이라고 생각하는 반면에 긍정적인 아이들은 바둑판에서 할 수 있는 수많은 수를 생각한다. 두 그룹 아이들의 행동은 단기적으로 보면 경기 결과에 영향을 줄 수 있지만, 장기적으로는 인생이 달라지기도 한다.

긍정적인 아이들은 뚜렷한 꿈과 목표를 향해 자신감 있게 추진해나가서 꿈을 이룰 가능성이 크고, 부정적인 아이들은 뚜렷한 꿈과 목표도 없이 주변 사람과 환경만 원망하다 포기해버릴 가능성이 크다. 같은 나이에 같은 장소에서 같은 코치에게 운동을 배우더라도 한 아이는 스포츠 스타가 되어 많은 사람에게 존경받겠지만, 한 아이는 운동을 포기하고 다른 일을 찾아갈 것이다. 운동을 그만둔 뒤에도 하는 일마다 꼬이고 비틀어져서 좀처럼 한 가지 일에 정착하지 못한다. 심란한 가설이지만, 부정적인 성격을 가진 우리 아이들의 미래가 될 수도 있다.

경상북도 영덕군 병곡면 아곡리에서 나고 자란 강욱순은 어린 시절부터 학생인지 농사꾼인지 모를 정도로 집안 농사일을 거들면서 유년기를 보냈다. 그런데 강욱순은 어릴 적 시골에서 했던 농사 경험이 골프에 도움이 되었다고 한다. 낫질은 손목 강화에 도움이 되었고, 지게를 지는 건 어깨와 허리, 하체를 튼튼하게 했다. 도리깨질과 도끼질은 골프 스윙에 크게 도움이 되었다고 한다.

"내가 시골에서 했던 농사일이 아무 의미 없는 것이 아니라 하늘이 내게 향후 골프를 할 수 있도록 조용히 단련시킨 것이다.[48]"

강욱순은 긍정의 힘 덕에 프로 통산 18승을 올릴 수 있었다.

긍정의 싹을 키우는 자기암시와 마음 청소

그렇다면 아이들에게 긍정적인 사고를 심어주기 위해선 어떻게 해야 할까? 타고난 성격은 바꾸기 어려워도 긍정적인 생각은 얼마든지 내 것으로 만들 수 있다. 긍정적인 생각을 키우기 위해 가장 일반적이고 쉽게 활용되는 방법이 자기암시다.

간단한 예로 '할 수 있어', '이루어질 거야' 같은 희망적인 말을 반복적으로 글이나 말로 표현하면서 긍정의 싹을 키우는 방법이다. 자기암시를 반복하면 자신도 모르는 사이에 부정적인 생각과 기운이 머릿속에서 밀려 나간다. 위약僞藥 효과라고도 불리는 플라시보 효과Placebo effect가 나타나기 때문이다.

어떤 일이든 머릿속에서만 생각하는 것보다 머리 밖으로 꺼냈을 때 결심과 의지, 열정이 강해진다. 목표를 음성화하면 멘탈이 강해지고, 목표를 명확하게 인식하게 한다. 팀플레이 경기에서 선수들이 스크럼을 짜고 구호를 외친 후 시합에 들어가는 것도 이런 이유에서다.[49]

내가 아는 운동선수 중에서 긍정적인 기운이 가장 강한 선수는 박용택이었다. 그와 몇 마디만 이야기를 나누어봐도 긍정의 기운이 얼마나 강한지를 느낄 수 있다.

대부분 스포츠 스타는 자기 주도적이어서 자기 말을 앞세우거나 내 말을 끝까지 듣지 않고 이야기를 자기 쪽으로 끌고 가는 경향이 있다. 하지만 박용택은 말하기보다 듣기를 좋아한다. 언제 어디서든 사람 말에 귀를 기울이고 긍정적으로 생각한다. 내가 선배라서 그랬던 것인지는 모르겠으나 나의 제안이나 이야기를 부정적인 면에서 바라본 적이 단 한 번도 없었다. 늘 긍정적인 면을 바라보았다.

『오늘도 택하겠습니다』에는 그의 긍정적인 성격과 기운이 그대로 전달된다. "야구는 3할 이상의 성적을 유지하면 좋은 타자이다. 그건 10번 중 7번은 실패를 맛본다는 뜻이다. 그만큼 야구선수의 일생은 성공보다 더 많은 실패와 마주쳐야 하는 삶이다."

"자신감을 찾는 왕도는 없지만, 지름길은 있다. 그건 지나간 실수나 나쁜 기억을 빨리 잊는 것이다. 그것이 야구선수, 특히나 수천 번 타석에 들어서는 타자에겐 더더욱 중요한 일이다."[50]

늘 긍정 에너지로 넘치는 박용택에게도 시련은 있었다. 그럴 때마다 그는 긍정의 싹을 키워서 극복했다. 그가 활용한 방법은 '마음 청소'다.

"아무 생각 안 하고 지금 이 자리와 이 순간에 집중하려고 했다. 이것을 마음 청소라고도 하는데, 안 좋은 것을 쌓아놓고 있으면 좋은 생각이 들어올 틈이 없다. 마음의 크기는 정해져 있다. 구겨 넣는다고 해도 부피가 커지지 않는다. 그러니까 자꾸 버려야 한다. 그렇게 나쁜 기억으로부터 자유로워지는 훈련을 한다. 일상생활에서도 유용하게 쓰고 있다.[51]"

극한 상황에서 긍정적인 생각을 한다는 건 대단히 어려운 일이다. 힘든 훈련을 매일 할 때는 포기하고 싶은 생각이 머릿속을 헤집고 다닌다. 새벽에 일찍 일어나 훈련할 때는 달콤한 새벽잠의 유혹에서 벗어나기가 어렵다. 그럴 땐 '새벽은 오직 나를 위한 시간이다. 누구도 날 방해하지 않는다. 난 지금 세상에서 가장 자유로운 사람이다'라고 생각하며 중얼거리면 마음가짐이 달라진다.

사람은 상황이 좋지 않으면 불길한 생각부터 하게 된다. 앞이 보이지 않는 시련 속에서는 더 그렇다. 그러나 부정적인 생각을 한다고 해서 달라지는 것은 아무것도 없다. 많은 심리학 전문가들은 말한다.

"예측 불가능할 때는 지금 내가 하는 일이 잘될 거라고 믿는 수밖에 없다. 그게 유일한, 강력한 답이다"[52]라고.

우물 안에서
벗어나라

진학할 때마다 장벽이 생기는 이유

1998년 LG 트윈스에 신인으로 입단했을 때의 일이다. 나는 배명 중·고등학교와 건국대를 거쳐서 LG 트윈스에 외야수로 지명되었다. 꿈에 그리던 프로팀에 입단하게 되었다. 하루라도 빨리 타석에 들어가 나의 진가를 보여주고 싶었다.

LG에서 나를 지명한 이유는 빠른 발과 장타력을 갖췄기 때문이었다. 외야수로서 수비 범위도 넓어서 팀에서는 활용도가 높은 선수로 기대를 모았던 것 같다.

그런데 막상 팀에 들어가니 하루하루 정신을 차릴 수가 없었다. 아마추어에 있다가 프로에 가면 동료 선수들에게 주눅이 든다. 당시 LG 트윈스에는 김동수, 김용수, 김재현, 김태원, 서용빈, 손혁, 송구홍, 심재학, 유지현, 이병규, 임선동, 정삼흠, 최동수, 최향남, 외국인 선수까지 스타 선수가 즐비했다. 선수들의 인기도 대단했다. 나는 나이로 따지면 1997년에 입단해야 했으나 실업팀 포스틸에서 2년간 선수 생활을 하면서 프로 데뷔가 1년 늦어졌다.

[표 2-5] **1999년 LG 트윈스 라인업**

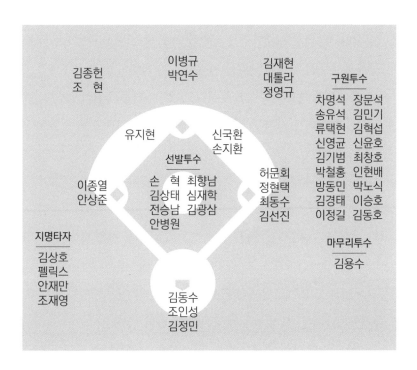

아마추어에 오래 머무르다 보니 프로 데뷔 후에도 아마추어 때를 벗기가 어려웠다. 나이에 상관없이 먼저 입단한 선수들이 대단해 보였다.

모든 선수에게서 포스와 아우라가 느껴졌다. 고교 졸업 후 곧바로 프로로 데뷔한 김재현과 동갑내기 이병규도 하늘처럼 높아 보였다. 지금껏 아마추어 야구만 경험해온 나에겐 엄청나게 높은 장벽처럼 느껴졌다.

아마추어 야구와는 비교도 되지 않는 경기장 분위기도 나를 움츠러들게 했다. 타석에 들어가는 것이 즐겁고 신이 나야 했는데, 그 압도적인 분위기에 눌려서 게임을 즐길 수가 없었다. 환호하는 관중을 바라보면 더 떨리고 긴장되었다. 어릴 적부터 TV를 통해 프로야구 경기를 봐왔고, 잠실야구장에서 프로야구를 직관한 적도 많았는데, 관중으로서 보는 것과 선수로서 참여하는 것은 완전히 다른 차원이었다.

무엇보다 치밀하고 과학적인 분석이 아마추어와는 차원이 달랐다. 무엇을 하든 데이터를 가지고 과학적으로 접근했다. 그때도 습관 노트(상대 팀 투수들의 작은 습관까지 분석한 노트. 선수들은 '쿠세' 노트라는 일본어를 쓰고 있다)가 있어서 처음 상대하는 투수라도 최소한의 대비는 할 수 있었다. 나에겐 신세계였다.

팀 분위기도 나쁘지 않았다. 1997년 한국시리즈 진출 팀이었고, 내가 입단한 1998년에도 리그 3위로서 한국시리즈에 진출해 준우승했다. 무엇보다 국내 프로야구에서 자율야구를 가장 먼저 도입한 팀이다. 그래서인지 선수들 표정은 늘 밝고 여유가 있어 보였다.

나는 좋은 분위기 속에서도 움츠러든 채 내 실력을 발휘하지 못하고 있었다. 움츠러든 만큼 성적도 나오지 않았다. 타석에 설 기회도 잃어가고 있었다. 그때 내게 큰 도움을 준 선수가 이병규다. 내가 LG 트윈스에 입단했을 때 이병규는 이미 주전으로 뛰고 있었다. 신인으로서 1군과 2군을 오르내리던 나에겐 부러움의 대상이었다.

이병규는 내가 타석에서 스윙하는 모습을 눈여겨보고 있었다. 아마추어 때의 스윙과 프로 데뷔 후 스윙이 전혀 달라 보였는지 내게 여러 조언을 건넸다. '고교 때 모습과는 너무나 다르다'라는 말을 하기도 했다. '고교 때는 그러지 않았는데 주눅이 들어서 실력 발휘를 못 하는 것 같다'라면서 위로와 용기를 주기도 했다. 시합 중에도 성적에 상관없이 늘 내 편에서 응원해주었다.

이병규 역시 입단 첫해가 가장 힘들었다고 한다. 사소한 것 하나하나라도 알려주는 사람이 없어서 고생했다는 것이다. 나는 이병규 덕에 불필요한 시행착오는 겪지 않았다. 그것만으로도 대단히 고마운 일이었다.

이병규에 따르면 아마추어에서 프로팀에 입단하면 대부분 나와 같은 경험을 한다. 왜 이런 현상이 일어날까? 식물이 작은 화분에서 잘 자라지 못하는 것과 같다. 식물이 크게 자라기 위해서는 땅속 깊숙이 뿌리를 내려야 하는데, 작은 화분에선 뿌리가 제대로 자라지 못한다. 정확히 화분 크기만큼만 자란다.

운동선수도 마찬가지다. 아마추어 리그에서만 활약하던 선수는 프로 세계를 알지 못한다. 아무리 잘하는 선수도 아마추어 최강일 뿐이다. 프로 세계를 본 적도 경험해 본 적도 없는 사람이 프로 세계에서 최강자가 될 수는 없다. 나의 LG 트윈스 신인 시절이 꼭 그런 모습이었다.

"자신감은 다짐이 아닌 준비!"

나처럼 누군가의 응원과 격려로 우물 밖 세상을 알게 된 선수가 있는 반면에 많은 연습을 통해서 스스로 우물 밖 세상으로 뛰쳐나온 선수도 있다. 우물 밖으로 나갈 수 있는 가장 좋은 방법은 연습이다. 연습을 실전처럼 하는 사람일수록 더 빨리 성장해 우물 밖 세상으로 나갈 수 있다.

우물 밖 세상으로 나가기 위해서는 상급학교에 진학할 때마다 나타나는 벽을 넘어야 한다. 벽에 부딪힐 때마다 '내 실력은 아직 멀었구나', '내 실력이 보잘것없구나'라고 느끼게 된다. 소속팀에서 요구하는 실력에 미치지 못했다는 것을 의미한다. 선배 선수들은 이미 나와 같은 과정을 겪으면서 기량을 끌어올렸고, 내 동년배 선수들은 내가 보지 못했던 기간 동안 꾸준히 성장했기 때문이다. 더 많은 훈련으로 기량을 끌어올리지 않으면 현실의 벽을 넘지 못한다.

휘문중·고등학교 시절까지 자신감으로 똘똘 뭉쳐 있던 박용택은 대학에 진학하면서 한 번, 프로에 데뷔하면서 한 번 벽에 부딪혔다고 한다. 박용택은 당시 기분을 이렇게 묘사했다.

"대학에 올라가 만난 벽의 높이가 의자 하나 놓고 넘을 정도였다면 프로 입단 후 만난 벽은 사다리를 놓고 올라가야 할 만큼 높아졌다. 점점 높은 사다리가 필요했다.[53]"

박용택이 내린 결론은 연습이었다. 자신이 상위 조직으로 올라갈수록, 자신의 실력이 향상될수록 경쟁자들의 실력과 수준도 향상되고 있다고 믿었기 때문이다.

프로의 벽 앞에서 혼란을 겪는 건 프로골퍼들도 마찬가지다. 아마추어 시절 펄펄 날던 선수들이 프로 데뷔 첫해에는 좀처럼 자기 기량을 펼치지 못한다. 아주 특출한 선수가 아니라면 대부분 '프로의 높은 벽'을 실감한다. 아마추어 대회의 느슨한 분위기에 젖어 있던 선수들은 프로 무대 적응이 더 어렵다. 그래서 프로골퍼들도 프로 데뷔 후 두 갈래 길로 흩어진다. 2~3년 고생해서 톱 플레이어의 길을 걷거나 소리소문없이 사라지는 길로 접어든다.

그렇다고 두려워할 일은 아니다. 성장통 없이 성장하는 사람은 아무도 없다. 더구나 사람은 환경에 적응하며 살 수 있는 동물이다. 목이 마르면 본능적으로 물을 찾고, 더우면 땀을 흘려서 적정 체온을 유지한다. 환경에 따라 습관과 체질은 물론이고, 이상과 꿈도 달라진다. 더 나아가면 인생이 달라지기도 한다.

해태 타이거즈에서 활약하다 일본 프로야구 진출을 위해 대한해협을 건넌 이종범은 '어릴 적부터 해외 진출에 욕심이 있었냐?'라는 질문에 "김선우한테 이런 이야기를 하는데, 서울은 AFKN이 보이고, 광주는 NHK가 보였다. 내가 어릴 적에 본 건 3,000 안타를 친 장훈 선배님이었다. 어릴 적부터 일본 야구를 동경했었다. 선우는 AFKN에서 메이저리그를 봤다. 그래서 인생 진로가 완전히 달라졌다. 만약 광주에 AFKN이 나와서 메이저리그를 봤다면 난리 났겠지. 영어공부도 해부렀겠죠 [54]"라고 말했다.

구대성은 메이저리그에서 뛰다가 37세에 한국으로 복귀해 37세이브를 했다. 그 비결에 대해 이렇게 말했다.

"메이저리그에서 외국 선수들만 상대하다 한국에 오니 한국 선수들이 작아 보였다. 던지면 못 칠 것 같은 느낌이 강했다. 그런데 어느 정도 시간이 지나니까 다 똑같아졌다.[55]"

사람이 환경에 따라 얼마나 달라질 수 있는지를 보여주는 의미심장한 말이다.

어릴 적부터 우물 밖 세상을 보며 자란 아이는 프로의 벽 앞에서도 크게 당황하거나 좌절하지 않는다.

미국과 일본여자프로골프 투어에서 모두 우승을 경험한 한희원은 담력이 좋은 선수로 유명했다. 어디를 가도 적응력이 뛰어날 뿐만 아니라 큰 무대에서 더 강한 모습을 보여주곤 했다.

한희원의 담력은 야구선수 출신이자 리틀야구연맹 회장인 아버지 한영관의 유전적 영향도 있지만, 어릴 적부터 우물 밖 세상을 보면서 자란 환경적 영향도 적지 않았다.

한희원은 어릴 적부터 대학교 야구부 선수들과 체력훈련을 하거나 외국 골프대회에 출전하며 담력과 배짱을 키웠다. 골프를 본격적으로 시작한 뒤에는 프로야구 선수들과 체력훈련을 같이하기도 했다. 한희원이 남편 손혁을 처음 만난 것도 서문여고 2학년이던 1995년 무렵 고려대 야구부 오대산 극기 훈련에 동행하면서다.[56]

기본기와 기술은 하루아침에 길러지지 않는다. 담력이나 배짱은 말할 것도 없다. 자라온 환경과 꾸준한 훈련을 통해 눈에 보이지 않을 만큼 아주 조금씩 쌓이고 쌓여서 완성된다.

꿈·목표·계획이
아이의 인생을 바꾼다

꿈꾸지 않는 아이는 이룰 꿈도 없다

어릴 적 내 롤 모델은 이종범이었다. 이종범의 빠른 발과 폭넓은 수비력이 경이롭기까지 했다. 그래서 대학을 이종범이 다녔던 건국대로 가게 되었다.

이종범은 건국대를 졸업하고 해태 타이거즈에 입단했지만, 프로팀까지 따라가지는 못했다. 프로팀은 내가 선택할 수가 없었고, 해태만 아니면 어떤 팀이든 상관없다는 생각도 있었다. 당시 해태는 선후배 관계가 엄격했고, 프로팀인데도 스파르타식 훈련을 하고 있어서 악명높았다. 나뿐만 아니라 나와 함께 운동했던 모든 아이가 해태만 피하면 된다는 생각이었다.

나는 내 의지와 상관없이 LG 트윈스에 지명되었다. 프로야구 선수가 되겠다는 오랜 꿈을 이루었으나 실업팀 포스틸에서 2년간 활동하다 또래보다 늦게 프로팀에 합류한 터라 기쁘지만은 않았다. 힘들게 프로로 데뷔한 뒤에도 선수협 파동을 겪는 바람에 선수 생활을 오래 하지 못했다. 내 이름 두 자를 널리 알리지도 못한 채 야구판을 떠났다. 그러니 어릴 적 내 꿈은 절반의 성공에 그친 셈이다.

학창 시절 내 꿈과 목표는 뚜렷했다. 오로지 프로야구 선수가 되겠다는 목표로 무식하게 연습했다. 특히 기본기를 익히기 위해 타이어 치는 연습을 많이 했다. 매일 수백 개씩 쳤는데, 횟수를 알 수 없을 만큼 정신없이 쳤다. 손에서 피가 터져도 계속 쳤다. 어린 나이에 타이어 치는 연습은 근육과 관절을 다치게 할 수 있어서 조심해야 했는데, 그땐 그런 것조차 알지 못했다. 운동선수가 몸을 아끼는 것은 패기가 없는 선수로 여겨졌다. 만약 다시 그 시절로 돌아간다면 절대 그런 무지한 훈련은 하지 않을 것이다.

내가 어린 시절에 몸을 사리지 않고 그렇게까지 열심히 운동할 수 있었던 건 교장 선생님의 동기부여도 한 가지 이유였다. 홈런을 한 번 칠 때마다 동화책을 한 권씩 나누어주셨는데, 동화책이 한 권 한 권 늘어날 때마다 뿌듯함과 성취감을 느꼈다. 초등학교 때 내가 받은 동화책은 6권이었던 것으로 기억한다. 큰 포상은 아니었지만, 나에겐 꿈이 자라나는 증표였기 때문에 너무나도 소중했다. 그 동화책들은 소중하게 간직하다 이사하면서 어디론가 사라졌다.

내가 초등학교부터 프로야구 선수 꿈을 이루기까지 과정을 하나둘 더듬어보면, 나는 정확하게 내가 구체적으로 간절하게 원했던 꿈만 이룬 것 같다. 프로 데뷔 후에는 골든글러브라는 막연한 꿈이 있었지만, 매년 어떤 성적으로 어떻게 꿈을 실현해 나가야겠다는 구체적인 목표나 계획은 세우지 못했다. 핑계를 대자면 프로에서는 하루하루가 버거워서 그때그때 최선을 다하는 것 외엔 다른 생각은 할 수가 없었다.

그래서 난 어린 운동선수들이 나의 전철을 밟지 않았으면 한다. 오랫동안 건강하고 행복하게 선수 생활을 하면서 많은 사람에게 기억되는 선수로 남길 바란다.

그러기 위해서는 어린 시절부터 뚜렷한 목표와 계획을 세워야 한다. 목표와 계획이 없는데 꿈이 저절로 이루어지지는 않는다. 이 책에서 꿈과 목표와 계획을 강조하는 이유는 대부분 아이가 그것을 소홀히 여기고 있어서다. 기술을 익히고 이기는 데만 온정신이 쏠려서 진정으로 중요한 것에는 마음을 쓰지 않는 게 현실이다.

그럼 꿈과 목표와 계획은 왜 중요한 걸까? 예를 들어 당신이 목표 없는 삶을 살고 있다고 가정해보자. 당신은 첫 번째 벽과 마주했을 때 다른 길로 돌아가거나 그 자리에서 포기해버릴지도 모른다. 목표가 없는데 굳이 벽을 넘어야 할 필요성을 느끼겠는가.

이번에는 산을 오르는 두 사람이 있다고 치자. 한 사람은 산에 오르기 전부터 정상에 오를 계획과 목표를 세웠고, 다른 한 사람은 뚜렷한 계획과 목표 없이 산에 오르기 시작했다. 전자는 길을 잘못 들거나 지쳐서 포기하고 싶어도 어떻게든 정상에 오를 것이다. 반면에 후자는 지치고 허기지면 그 자리에서 점심을 먹고 하산할 가능성이 크다.

꿈은 꾸는 사람만이 이룰 수 있다. 꿈을 꾸고, 그 꿈을 이루기 위해 실천한 아이들이 꿈을 현실로 만든다. 꿈이 없거나 꿈만 꾸고 실천하지 않은 아이가 꿈을 이룰 수는 없다.

[표 2-6] **만다라트 계획표**

※ 빈 만다라트 계획표에 나만의 꿈과 목표와 계획을 적어 넣어보자. 계획표가 완성되면 계획을 세운 대로 가고 있는지 매일 점검하고 반성하는 시간을 갖자.

　평범한 내 아이 스포츠 영재 만들기

목표는 크고 담대해야 한다. 목표가 클수록 장애물은 낮아 보인다. 무턱대고 꿈만 크게 가지라는 뜻이 아니다. 성취할 가치가 충분한 목표라면 그것의 최대치를 설정해야 목표한 것을 손에 넣을 확률이 높아진다.[57] 꿈과 목표와 계획이 확실한 사람은 위기 대처 능력도 뛰어나다. 때에 따라선 초인적인 능력을 발휘하기도 한다.

만다라트Mandal-Art라는 사고 기법이 있다. 한 가지 생각을 구체화하면서 확대해나가는 방식으로 일본의 마쓰무라 야스오松村寧雄가 개발했다. 생각을 확대해나가는 모양이 연꽃과 닮았다고 해서 '연꽃 기법'이라고도 한다. 이 방법에 계획표를 접목하면 만다라트 계획표가 된다. 오타니 쇼헤이가 고등학교 1학년 때 세워놓은 만다라트 계획표가 화제가 되면서 우리에게 널리 알려졌다.

오타니 쇼헤이의 만다라트 계획표를 보면 그가 언제부터 무엇을 목표로 어떻게 훈련해왔는지 엿볼 수 있다. 오타니 쇼헤이의 고교 1학년 때 목표는 '8구단 드래프트 1순위'였다. 가운데 사격형 한복판에 그렇게 적어넣었고, 그 목표를 이루기 위해 '몸만들기', '제구', '구위', '멘탈', '스피드(160㎞/h)', '인간성', '운', '변화구'라는 8개의 하위 목표와 과제를 달았다. '몸만들기'의 하위 과제로는 '몸 관리', '영양제 먹기', 'FSQ 90㎏', '유연성', 'RSQ 130㎏', '스태미너', '약 먹기', '저녁 식사 7그릇, 아침 3그릇'이라는 8개의 세부 계획도 적어넣었다. 이 계획표만 보더라도 오타니 쇼헤이가 꿈을 이루기 위해 얼마나 간절하고 치밀하게 노력했는지 알 수 있다.

그는 매일 자신의 만다라트 계획표를 보면서 꿈을 구체화했을 것이다. 만다라트 계획표는 오타니 쇼헤이의 꿈으로 가는 길라잡이였을 것이라 짐작하게 된다. 아무리 힘들어도 이 계획표를 보며 자극을 받고 반성하고 마음을 다잡으면서 목표를 향해 한 걸음씩 내딛지 않았을까 싶다.

물론 만다라트 계획표를 만든다고 해서 모든 아이의 꿈과 목표가 이루어지는 것은 아니다. 앞서 설명했듯이 꿈과 목표가 있는 아이와 그렇지 않은 아이의 차이는 상당하다. 그 차이는 시간이 지날수록 더 벌어진다.

우리나라 운동선수 중에서 박용택만큼 꿈과 목표를 구체적으로 세워서 실현한 선수는 거의 없을 것 같다. 박용택은 야구를 본격적으로 시작한 중학교 1학년 때부터 꿈과 목표가 뚜렷했다. 아래는 당시 어린 박용택의 꿈과 목표다.

① 중학교 3학년에 전국대회 우승
② 휘문고등학교를 거쳐 대학 입학
③ 잘 치고, 잘 받고, 잘 뛰어서 대학팀을 늘 승리로
④ 대학 졸업 후 LG 트윈스 입단
⑤ LG 트윈스의 중심타자를 넘어 대선수로 성장
⑥ 한국시리즈 우승
⑦ LG 트윈스의 프랜차이즈 선수로 은퇴

⑧ LG 트윈스 영구결번 선수

박용택은 중학교 1학년 때 세웠던 꿈과 목표를 대부분 이뤘다. 마치 자신의 미래를 내다본 것처럼 구체적으로 꿈을 꾸었고, 목표했던 일들은 거짓말처럼 현실이 되었다.

결코, 하루아침에 이루어지지 않았다. 오랜 시간 흘린 땀 한 방울 한 방울이 쌓여서 박용택이라는 대선수가 만들어졌다.

"중학교 때 꾸었던 꿈은 거의 다 이루었다. 원하는 고등학교, 대학교, 프로팀에 들어갔고, 영구결번과 프랜차이즈 선수가 되겠다는 개인의 영광은 다 해낸 것이다. '꿈은 이루어진다'라는 말은 틀리지 않았다. 그러나 꿈만 꾼다고 이루어지는 것이 아니다. 그 꿈을 잊지 않아야 하고, 끊임없이 노력해야 한다. 그리고 그 시간이 아주아주 오래 걸릴 수도 있다. 그때 꾼 꿈을 모두 다 이루는데 나도 30년이 걸렸다.[58]"

한국 탁구의 전설 현정화는 선수 시절 매일 운동일지를 썼다. 그의 운동일지 맨 윗줄에는 목표가 적혀 있었다. 현정화의 선수로서 마지막 목표는 세계선수권대회 여자 단식 우승이었다. 그래서 '세계선수권대회 단식 우승'이라는 한 문장이 그의 운동일지 맨 윗줄을 장식하고 있었다. 현정화는 그것을 보며 끊임없이 노력했고, 결국, 자신의 마지막 대회였던 1993년 예테보리 세계탁구선수권대회에서 여자 단식 우승을 차지하며 마지막 꿈을 이뤘다.

이에 대해 현정화는 "꿈을 꾼다는 것이 얼마나 중요한지를 새삼 느끼게 되었다. 선수들(제자들)에게도 계속해서 꿈을 꾸도록 해야 한다는 걸 느꼈다[59]"고 말했다.

여러 스포츠 스타의 어린 시절과 성장·성공 과정을 살펴봐도 꿈과 목표와 계획을 세우는 일이 얼마나 중요한지 알 수 있다. 그러나 아이들에게 꿈을 갖게 하기란 좀처럼 쉬운 일이 아니다. 과거 모두가 못 먹고 못 살던 시절에는 가난에서 벗어나기 위해 운동을 했다지만, 요즘 아이들은 굳이 운동하지 않아도 먹고 사는 데 아무런 지장이 없다. 힘들어 포기해도 아쉬울 것이 별로 없다.

그런 아이들에게 어떻게 하면 꿈을 갖게 할 수 있을까? 다시 내 어린 시절로 돌아가 보겠다. 나는 중학교 3학년 때 일본 도쿄에서 열린 주니어세계대회에 대한민국 대표로 출전해 동메달을 땄다. 그 대회에서 일본을 대표하는 강타자 마쓰이 히데키松井秀喜를 처음 봤다. 일본은 이 대회에서 준우승했는데, 마쓰이의 활약상은 크지 않았고, 크게 두각을 나타내는 선수도 아니었던 것으로 기억한다.

대회 결승전은 1988년 봄에 개장한 도쿄돔에서 열렸다. 우리는 결승에 오르지 못해 도쿄돔 그라운드를 밟지는 못했지만, 관중석에 앉아 미국과 일본의 결승전을 직관할 수 있었다.

나는 말로도 들어본 적이 없는 돔구장에서 넋이 나간 아이처럼 경기를 관전했다. 야구를 실내에서 할 수 있다는 것이 신기했고, 그렇게 넓은 실내 야구장이 있다는 것도 놀랄 일이었다. 경기장에 바람을 넣어서 지붕을 부풀린다는 말은 믿을 수가 없었다.

언제가 될지 모르지만, 프로선수가 되어 도쿄돔 그라운드를 밟아 보고 싶었다. 프로야구 선수가 되겠다는 꿈을 안고 있던 나의 목표는 더 확실해졌다. 비록 그 꿈은 이루지 못했지만, 나에겐 큰 동기부여가 되었다.

아이들에게 새로운 세상을 보여주는 것, 더 넓은 세상을 보여주는 것만으로도 좋은 동기부여가 된다. 아직 꿈을 찾지 못한 아이들에겐 더 넓은 세상을 보여주자.

질문하는 아이로 만들기

운동하는 로봇이 되어버린 아이들

어린 시절 나는 운동하는 로봇이었다. 내 의지와 상관없이 코치의 지시만 떨어지면 시키는 대로 움직였다. 뛰라면 뛰었고, 던지라면 던졌으며, 치라면 열심히 쳤다. 운동을 멈추라면 군소리 없이 운동을 멈췄다. 생각은 할 수 있었으나 생각의 필요성도, 생각하는 방법도 잊은 채 그저 주인에게 복종하는 로봇처럼 살았다.

안타깝지만, 내 학창 시절 추억은 로봇처럼 운동만 했던 기억밖에 없다. 어린 나이였음에도 시합만 나가면 승부에 집착해서 억척스럽게 이기려 들었다. 내용보다 결과가 중요했다. 내용이 어찌 됐든 우격다짐으로라도 일단 이기고 볼 일이었다. 상대 선수를 윽박지르면서 경기하던 내 모습을 떠올리면 저절로 얼굴이 붉어진다.

당시에는 '운동을 즐긴다'라는 말을 들어보지도 못했다. 악착같은 승부 근성과 투지를 불사르는 것이 운동선수의 미덕인 것처럼 여겨졌다. 운동선수는 불굴의 투지로 모든 것이 설명되던 시절이었다.

과학적이고 체계적인 훈련은 남의 나라 이야기였다. 몸으로 부딪히고 수많은 시행착오를 겪으면서 하나씩 알아갔다. 생각하는 플레이, 창의적인 플레이라는 말도 성인이 되기 전까지 알지 못했다. 그것이 먼 길을 돌아가는 어리석은 방법이란 것도 성인이 된 뒤에야 알게 되었다.

이런 분위기에서 생각하는 플레이는 상상하기 어려웠다. 특히나 매일 하는 운동은 과거 모든 선배가 해왔던 방식이었기 때문에 '왜?', '어째서?'라는 의문을 제기할 수 없었다. 프로선수가 된 선배들도 과거에 똑같은 방법으로 운동했다고 하니 아무런 의심도 없이 당연하다는 듯 기계처럼 따라 할 수밖에 없었다. 만약 코치에게 꼬치꼬치 캐묻는 아이가 있었다면 문제아로 낙인이 찍혔을 것이다.

그런 낡고 비효율적인 운동 방식에 의문이 들기 시작한 건 딸 아이에게 운동을 가르치면서다. 그러니 내가 운동하는 로봇이었다는 사실도 모른 채 얼마나 오랫동안 살아왔는지 지금 생각하면 기가 찰 노릇이다.

물론 나만의 문제는 아니었다. 우리 팀 모두가 운동하는 로봇이 되어 비효율적으로 몸을 혹사하고 있었다. 이런 비효율적인 운동 방식은 선배의 선배, 또 그 선배의 선배 세대로부터 전해진 군대식 무조건 복종과 얼차려에서 비롯된 것이 아니었나 하는 의심마저 든다.

여자골프 국가대표 1기생으로서 일본 무대에서 활동했던 신소라는 한때 구옥희와 함께 생활하면서 스윙을 배웠다고 한다. 그에 따르면 스윙뿐만 아니라 트레이닝까지 구옥희 한 사람에게 지도를 받았는데, 오리걸음 같은 얼차려를 연상케 하는 훈련도 했다. 신소라의 체력이나 신체 리듬을 전혀 고려하지 않은 일방적인 훈련법이었다.[60] 그때가 1990년대 중반이었으니 그렇게 오래된 이야기는 아니다. 우리나라 엘리트 체육이 얼마나 오랫동안 전문성이 실종된 상태에서 주먹구구로 운영되었는지 미루어 짐작할 수 있다.

지금은 세상이 바뀌었다. 공부하지 않는 지도자는 살아남기 어렵다. 체육계에 만연했던 체벌도 사라졌고, 지도자와 학생들 간의 소통도 많아진 것으로 안다. 질문하는 아이와 답변하는 코치가 전혀 어색하게 느껴지지 않는다.

그러나 일부에는 아직도 주먹구구 시스템이 그대로 남아 있다. 낡고 몹쓸 시스템이지만, 우리 사회 곳곳에 눌어붙어서 세월이 지나도 좀처럼 씻겨나가지 않고 있다.

'럭비계 히딩크'로 불리며 대한민국 럭비 대표팀을 사상 첫 올림픽 본선 무대로 이끈 찰리 로Charlie Rowe 코치는 "한국 아마추어 스포츠엔 주먹구구 관행이 너무 많다. 경기력과 상관없이 비효율적으로 땀만 빼는 훈련 방식에 익숙한 선수가 너무 많다"[61]라며 한국 아마추어 스포츠를 신랄하게 비판했다.

그럼 우리는 왜 변하지 않는 것일까? 무엇이든 '빨리빨리' 문화에 익숙한 우리 사회에서 엘리트 체육의 낡은 관행은 왜 '빨리빨리' 개선되지 않는 것일까?

첫째, 아이들 스스로 운동하는 로봇이 되고 있다. 지도를 받는 선수들 자체가 생각하는 걸 좋아하지 않는다. 지도자의 지시대로 하는 문화에 익숙해져서 변화를 시도하지 못한다.

둘째, 주먹구구라는 걸 알아도 내색하지 못한다. 우리 사회 곳곳에는 아직도 상명하복식 전근대적인 문화가 남아 있는데, 엘리트 체육에선 더 심하다. 선수들은 지도자들에게 눈엣가시가 되지 않으려고 불합리해도 시키는 대로 한다.

셋째, 질문하는 아이가 항명하는 아이로 오해받기도 한다. 이것저것 꼬치꼬치 캐묻는 아이는 삐딱하거나 반항하는 아이로 여겨질 수 있어서 질문을 자제한다.

넷째, 토론식 수업에 익숙하지 않다. 지도자나 학생이나 질문을 주고받는 데 익숙하지 못하다. '질문은 짧게', '답변은 간략히'가 미덕이 되어버렸다.

이런 비효율적이고 불합리한 운동 방식은 아이를 크게 성장시키지 못한다. 아이가 엄마에게 궁금한 것들을 물어볼 때마다 '자꾸 물어보면 혼나!'라고 야단치는 것과 다르지 않다. 한 가지를 가르쳐주면 한 가지 방법만 익혀야 하니 얻는 것이 많지 않다. 운동하는 로봇이나 생각하지 않는 인간이 된다.

계속해서 '왜?'라는 질문을 던지는 아이는 운동의 원리를 머릿속에서 생각하고 있다는 방증이다. 한 가지를 가르쳐주면 여러 개를 생각하고 응용한다. 운동의 원리를 이해한 아이는 운동 수행능력 향상에 가속이 붙는다. 벽에 부딪히더라도 스스로 문제 해결방법을 찾아낸다. 독자적이고 창의적인 방법을 생각해내기도 한다.

김연아의 코치였던 브라이언 오서는 시계방향과 시계 반대 방향으로 점프 가능한 몇 안 되는 피겨스케이팅 선수였다. 대부분 선수는 시계 반대 방향으로 점프한다. 브라이언 오서도 마찬가지였다. 그런데 오서가 양방향 점프를 할 수 있게 된 것은 부상 때문이었다. 부상으로 치료와 재활을 받아야 하는 시기였다. 오랫동안 점프 연습을 못 하는 것이 아깝다고 느낀 오서는 아픈 오른발에 무리가 가지 않고 점프할 수 있도록 시계방향 점프를 연습했다. 부상이 회복되었을 땐 시계방향으로 더블 악셀까지 가능한 실력이 되었다.[62] 야구로 치면 스위치 타자가 된 셈이다.

이런 방법은 누군가가 가르친다고 할 수 있는 것이 아니다. 운동의 원리를 알고 끊임없이 생각하며 고민한 사람만이 가능한 일이다. 아이의 성장 속도가 늦더라도 크게 걱정할 문제는 아니다. 생각하는 아이가 시키는 대로 운동만 하는 아이들을 따라잡는 건 시간문제다.

성실성과
자기관리

루틴으로 규칙적인 아이 만들기

성실성과 자기관리는 운동선수의 기본이면서 가장 중요한 덕목이라고 해도 과언이 아니다. 대회 성적이 나쁘면 연습으로 끌어올릴 수 있지만, 자기관리를 제대로 하지 못하면 하루아침에 나락으로 떨어지기 때문이다.

어린 선수들에게는 막연하고 어려운 덕목일 수도 있다. 어린 나이에 자기를 통제하고 관리하는 일은 대단히 어렵다. 어른들이 시키는 대로 따라 하기도 벅찬 나이에 스스로 자신을 통제하고 절제한다는 건 참으로 혹독한 일이다. 어떻게 보면 누군가에겐 가장 쉽고 다른 누군가에겐 가장 어려운 일이 성실성과 자기관리다.

유망주라는 소리를 들으면서 언론으로부터 스포트라이트를 받으며 자란 아이가 있다고 치자. 사회생활 경험이 전혀 없는 아이는 마치 자신이 세상의 중심이 된 듯이 어깨에 힘이 들어가고 의기양양해질 것이다. 자신감으로 작용한다면 문제 될 것이 없으나 자신감을 넘어 자만심을 갖는 아이가 많다. 그땐 탄탄대로에 꽃길만 펼쳐질 것 같다.

그러나 영원할 것 같았던 꽃길이 가시밭길로 바뀌는 건 하루아침이다. 그러면 어제까지 잘 되던 운동이 뜻대로 되지 않거나 원인을 알 수 없는 슬럼프가 이어진다. 세간에 주목을 받던 유망주가 이런 일을 거치면서 어느 날 갑자기 우리의 눈과 귀에서 멀어진다. 어린 유망주들이 바른길로 성장할 수 있도록 어른들이 중심을 잡아주어야 한다.

어떻게 해야 할까? 성실성과 자기관리를 아이의 몫으로만 생각해선 안 된다. 아이가 바른 인성을 가질 수 있도록, 자기관리를 철저하게 해나갈 수 있도록 아이들을 관찰하고 인도하는 것이 좋다.

그럼 어떻게 하면 성실성과 자기관리라는 어려운 과제를 어린아이들에게 뿌리 깊이 심어줄 수 있을까? 내가 권장하는 방법은 루틴routine이다. 루틴은 운동선수들이 경기 전에 하는 일련의 동작들을 말한다.

예를 들어 야구선수가 타석에서 한 손으로 배트를 들고 펜스 방향을 가리키다가 타격 자세에 들어가는 것이나 골프선수가 티잉그라운드 뒤쪽에서 타깃을 바라보다 연습스윙 한두 차례를 하고 어드레스에 들어가는 것들을 말한다.

루틴은 심리적 안정을 주고 리듬이 끊기지 않게 하며, 나아가 최상의 컨디션을 발휘하는 데도 도움을 준다.

이런 루틴을 생활에 적용할 수도 있다. 일상에서 루틴이 만들어지면 규칙적이고 리듬감 있는 생활을 할 수 있다.

예를 들어 저녁 9시에 운동일지를 작성하면서 하루를 반성한 뒤 10시에 잠자리에 들도록 하는 것이나 아침 7시에 일어나면 아침 운동을 마친 뒤 반드시 자기 방 청소를 하고 밥을 먹도록 하는 것이다. 아무것도 아닌 것 같아서 하루 이틀은 쉽게 할 수 있으나 한 달 이상, 또는 1년 이상 똑같은 루틴을 반복하기란 쉽지 않다.

루틴이 완전히 몸에 배면 성실성과 자기관리는 자연스럽게 생활 속에 녹아든다. 굳이 성실성과 자기관리를 의식하지 않아도 된다. 매일 하는 루틴을 거르면 불안하고 죄책감이 들기 때문이다.

루틴이 있는 아이와 그렇지 않은 아이는 시간이 지날수록 큰 차이를 보인다. 루틴이 없다면 생활이 불규칙해도 알지 못한다. 불규칙한 생활은 생각도 흐트러지게 한다.[63]

나에게는 독특한 루틴이 있었다. 중·고등학교 시절엔 매일 야간 운동을 했는데, 운동을 마치고 집으로 갈 때 회수권(교통비)을 아끼기 위해 5~6 정거장을 걸어다니던 습관이 루틴이 되어버렸다. 집까지 걸어가면 하루를 돌아볼 수 있는 좋은 시간이 자연스럽게 만들어졌다. 그날 연습에서 부족했던 것, 아쉬웠던 것들을 뒤돌아보며 반성하는 시간이 되었다. 매일 하던 걷기를 빼먹고 버스를 타면 졸기 일쑤였고, 뭔가 허전하고 리듬감이 깨지는 기분이 들기도 했다.

오락실 게임을 루틴처럼 하던 아이도 있었다. 김동주는 운동을 마치면 오락실에서 게임을 하면서 하루를 마무리했다. 그땐 모바일게임이 없던 시절이어서 게임을 하기 위해선 오락실에 가야 했다. 김동주는 못하는 게임이 없을 만큼 게임에도 천부적인 재능이 있었다. 만약 야구를 안 했다면 프로게이머가 되어서 이름을 날렸을 수도 있다. 운이 좋았던 것인지는 모르겠으나 즉석복권을 사도 늘 김동주 혼자만 당첨이 되었다. 뭐만 했다 하면 안 되는 게 없는 아이였다.

루틴은 컨디션을 유지하는 수단으로도 활용할 수 있다. 선수 생활을 하다 보면 잘 될 때가 있고 안 될 때도 있다. 언제나 좋은 일만 기대할 순 없다. 팀에서는 중용되기도 하지만, 그렇지 않을 때도 있다. 주전에서 밀려나 벤치를 지켜야 할 때도 있다. 선수가 경기에 출전하지 못하면 경기 감각을 잃어버린다. 이때 루틴까지 거르면 리듬감이 깨지면서 컨디션 조절에도 실패할 가능성이 크다.

경기에 나가지 못하더라도 루틴은 철저하게 지켜야 한다. 경기에 출전하지 못하면 훈련량을 늘려서 평상시 몸 상태를 유지해야 경기 감각을 최대한 그대로 유지할 수 있다. 지금 벤치를 지키는 신세라고 해서 낙담해선 안 된다. 기회는 반드시 온다. 언제 찾아올지 모를 기회를 살리기 위해서라도 평상시 루틴을 꾸준히 지키며 최상의 몸을 유지해야 한다. 비관적인 생각이나 불평을 늘어놔 봐야 바뀌는 건 없다. 자기만 손해다.

프로선수들에게 배우지 말아야 할 것들

어릴 적 내 롤 모델은 이종범이었으나 그의 모든 것을 본받으려고 하지는 않았다. 이종범은 한 시즌에 도루를 80개나 하면서도 술과 담배를 즐겼다. 그런 모습까지 닮아야 할 필요는 없다.

롤 모델이 있다는 건 바람직하지만, 롤 모델을 무조건 동경해선 안 된다. 특히 프로선수들의 자기관리는 오히려 배우지 말아야 할 것이 많다. 프로는 아마추어와 달리 생활에 규제가 많지 않아서 비교적 자유롭게 선수 생활을 한다. 그래서 프로 데뷔 후 자기관리에 실패해 나락으로 떨어지는 선수가 적지 않다. 나는 프로선수들의 안 좋은 면을 보면서 '절대 저런 선수는 되지 말아야지'라는 다짐을 하기도 했다.

한 가지 예로 술과 담배를 들어보겠다. 프로선수 중에도 술, 담배를 즐기는 사람이 많다. 그러면서도 스포츠 스타로서 오래도록 명성을 날리는 선수도 있다. '스포츠 스타들도 술, 담배 다 하면서 운동하는데'라고 생각하는 어린 선수들이 있을까 걱정이다.

결론부터 말하면 술, 담배는 선수에게 좋을 것이 없다. 선수뿐 아니라 일반인에게도 건강상 좋지 않다는 건 익히 잘 알려진 사실이다. 꼭 건강 때문이 아니더라도 금연을 해야 하는 이유는 분명하다. 담배를 피우면 비흡연자보다 아이큐가 3%까지 떨어진다는 연구결과가 있다. 흡연자는 53세가 넘어서면 아이큐가 급격히 떨어지기 시작한다. 담배를 계속 피운 남성은 담배를 전혀 피우지 않는 사람에 비해 인지 기능이 떨어지는 속도도 10년이나 빠르다고 한다.[64]

술도 마찬가지다. 적당한 술은 해로울 것이 없다고 주장하는 사람도 많은데, 술을 마시면 루틴이 깨질 가능성이 크다. 술을 적당히 절제하면서 마시기도 어렵다. 술로 인해 루틴이 깨지면 생활 리듬이 불규칙해지면서 리듬감이 흐트러진다. 기상과 취침 시간도 불규칙해져 정상적인 컨디션을 유지하기가 어렵다. 간혹 은퇴한 프로선수들이 유튜브 방송에 출연해 선수 시절 무용담으로 술 취한 상태로 마운드에 올라 던졌던 이야기를 하기도 한다. 절대로 있어선 안 될 일이다. 팬들을 모독하는 행위다. 대회 성적이 떨어지고 나서 술, 담배를 멀리하면 너무나 많은 것을 잃은 상태다. 소 잃고 외양간 고치는 격이다.

영재를 따라잡는
기본기의 기적

화려한 플레이도 기본기에서 나온다

기본기는 왜 중요할까? 어릴 적 또는 학생 시절에 익힌 기본기가 성인이 된 후 나타나기 때문이다.

선수에게 가장 중요한 것이 기본기이지만, 평상시에는 중요성을 느끼지 못한다. 나도 그랬다. 내가 기본기의 중요성을 실감한 건 슬럼프에 빠지면서다. 운동선수로서 살다 보면 숱하게 많은 슬럼프를 겪게 된다. 그때마다 내가 했던 건 기본기 연습이었다. 초심으로 돌아가 기본을 생각했다. 실제로 큰 효과를 보았다. 그것이 나의 유일한 슬럼프 탈출 비결이었다.

독일의 심리학자인 헤르만 에빙하우스Hermann Ebbinghaus가 발표한 '에빙하우스의 망각곡선'은 학습으로 기억된 것은 시간이 지나면서 망각하는 정도를 곡선으로 나타낸 가설이다. 사람의 기억은 학습을 마친 10

분 후부터 망각하기 시작해서 하루만 지나도 기억이 70% 이상 지워진다는 것이다. 사람마다 차이가 있지만, 대략적인 경향성만큼은 분명하다. 그래서 잊기 전에 주기별 복습을 통한 반복을 하라는 것이 망각곡선의 교훈이다. 많은 것을 배우고 주입해서 스트레스를 주는 것보다 그날 배운 것을 스스로 확인하며 목록만이라도 정리해보도록 하는 것이 올바른 학습 지도법이다.[65]

운동선수들도 마찬가지다. 학습이든 운동이든 뇌의 작동과 명령에 의해 이루어진다. 우리 뇌는 어릴 적에 1~2년 익힌 기본기를 평생 기억해주지 않는다. 몸으로 익힌 동작도 시간이 지나면 잊히기 마련이다. 반응 속도가 느려지고 운동능력은 퇴보한다. 어릴 적에 기본기만 열심히 익힌 아이와 기본기를 잠깐 익히고 기술을 배운 아이는 성인이 된 후 실력으로 나타난다. 처음에는 기술을 먼저 익힌 아이가 더 앞서가는 것처럼 보이지만, 기본기가 부족한 아이는 오래가지 못한다.

슬럼프에 빠지더라도 기본기가 탄탄한 사람은 기본기라는 바닥을 딛고 다시 올라갈 수 있지만, 기본기가 부실한 사람은 딛고 올라갈 기본기도 없다. 슬럼프에 빠지는 순간 나락으로 떨어질 가능성이 매우 크다.

이종범은 어릴 적부터 '야구천재'로 불리며 화려한 플레이를 선보였으나 정작 본인이 충실했던 건 기본기였다.

"10살 때부터 대학교 4학년까지 14년간 기본기에 충실했다. 어린 나이에 스윙 연습하면서 타이어를 매일 300개씩 쳤다. 타이어 300번을 생각 없이 치면 단순노동인데, 상대 투수를 생각하면서 이미지 트레이닝을 병행하면 수 시간이 걸린다. 나는 키가 작았기 때문에 더 노력했다. (나와 내 친구들과는) 기본기에서 차이가 나기 시작했다.[66]"

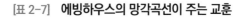

[표 2-7]　에빙하우스의 망각곡선이 주는 교훈

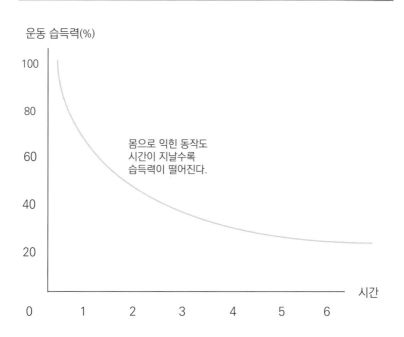

손웅정 감독은 기본기를 누구보다 강조하는 지도자다. 어린 손흥민을 직접 가르칠 때도 기본기에 방점을 두고 훈련했다. 또래 아이들은 슈팅하거나 기술을 배웠지만, 어린 손흥민은 공이 바닥에 떨어지지 않도록 하는 리프팅만 연습했다. 주변에선 그런 손웅정 감독을 이상한 눈으로 바라보기도 했으나 전혀 흔들리지 않았다. 그에게는 기본기에 대한

강한 신념이 있었다.

"선수의 기량은 전적으로 어릴 때 쌓은 기본기에 달려 있다고 확신하게 되었다. 내가 경험하고 뼈저리게 느낀 것이었다. 쉽게 넣을 수 있는 골을 넣지 못하거나 골대 앞에서 어처구니없는 실수를 하는 것은 기본기 부족에 원인이 있다고 할 수 있다. 체계적인 훈련으로 어릴 때 익힌 동작이 반사적으로 나오지 않으면 이미 늦었다고 봐야 한다. 찰나의 간결한 볼 터치는 하루아침에 이루어지지 않는다. 끊임없는 변수에 대응하려면 기초가 탄탄해야 한다. 차곡차곡 밑바닥부터 쌓지 않으면 기량은 어느 순간 싹 사라진다. 더 높이 올라갈 수 있으려면 바닥부터 사다리를 딛고 가야 한다.[67]"

과거 우리나라 프로야구 선수들을 예로 들어보겠다. 아마추어 때까지는 일본 선수들과 대등하거나 더 잘하다가 프로 데뷔 후 기량 차이가 벌어지는 현상을 많이 봐왔다. 중·고등학교 시절까지 인상적인 모습을 보여주지 못했던 일본 선수들은 프로에서 오히려 큰 선수가 된다. 중학교 시절 도쿄돔에서 처음 본 마쓰이 히데키도 그렇게 큰 선수가 될 것이라고는 상상도 하지 못했다.

이 역시 기본기에 원인이 있다. 경기 결과에 상관없이 기본기를 중요하게 여기는 일본 선수들은 성인이 되어서 실력이 부쩍 느는 경우가 많다. 좀처럼 실책도 하지 않는다. 반면에 상대적으로 기본기에 소홀했던 과거 우리나라 선수들은 아마추어 시절에는 펄펄 날다 프로 데뷔 후 일본 선수들에게 밀리기 시작한다. 우리가 일본을 압도하는 건 오로지 투지와 끈기뿐이었다.

일본에서 야구 지도자 생활을 한 김무영은 일본 야구가 전통적으로 강할 수밖에 없는 이유를 기본기에 있다고 했다.

"선수들 모두 기본기의 중요성을 잘 알고 있다. 기본기를 바탕으로 한 플레이와 단정한 복장은 학생 야구의 기본이라는 인식이 확고하다. 그러한 전통을 잘 지키기 때문에 기본기가 좋을 수밖에 없다. 기본기가 잘 갖춰져 있어야 화려한 플레이가 나온다. 캐치볼 할 때도 최선을 다한다."[68]

지면서
성장하는 아이

수많은 패배로 얻어지는 것들

　1992년 고교야구 시즌 초반에 당한 2연패 충격은 지금도 잊히지 않는다. 투타에서 가장 강한 전력을 갖춘 것으로 평가받던 배명고가 시즌 초반 두 대회에서 전부 1회전 탈락했다. 믿을 수 없는 패배였다. 치명적인 2연패로 인해 우린 최악의 환경에 직면해 있었다.

　경기에서 지면 팀 분위기가 축 늘어지고 가라앉는다. 지도자들은 신경이 날카로워져서 사소한 일에도 민감하게 반응한다. 어린 선수들은 지도자와 선배들 눈치를 보느라 행동이 위축되고 소심해진다. 숨 쉬는 것도 불편하다.

　반면에 경기에서 이기거나 우승이라도 하면 지도자들 얼굴에 화색이 돈다. 빡빡하고 강압적이었던 훈련은 자율로 바뀐다. 체벌은 물론이고 혼날 일도 없다.

나의 어린 시절 패배와 승리는 지옥과 천국을 오가는 경험이었다. 모든 사람이 성적에 일희일비할 수밖에 없었다. 패배는 곧 죄악이었다. 패배에 대한 기억을 떠올리는 것만으로도 온몸이 시리고 아픈 것 같다. 경기에서 질 때마다 큰 좌절감을 느꼈다. 죄인처럼 고개를 들지 못할 때도 많았다. 패배가 계속되면 운동 의욕도 잃어버린다. 어린 선수들은 이런 분위기 속에서 좋든 싫든 승부 근성을 기른다.

엘리트 스포츠에 몸을 담그는 순간 이런 분위기에서 벗어나기는 어렵다. 세월이 많이 흘렀지만, 운동선수들의 승부 세계는 여전히 냉혹하다. 앞으로도 크게 달라지지는 않을 것 같다.

운동선수 생활을 하다 보면 이기는 경기만 할 수는 없다. 패배는 늘 따라다닌다. 수없이 많은 패배를 경험하면서 극복해야 한다. 패배의 아픔이 크다고 해서 패배를 두려워하면 큰 선수로 성장할 수가 없다. 패배는 싫어해도 패배를 두려워해선 안 된다.

일본의 심리학자 고마다 미쓰오는 "지기 싫어한다는 것은 얼핏 지는 것을 두려워하는 사람처럼 보인다. 그러나 사실은 그렇지 않다. '지는 것을 용서할 수 없는 마음이다'[69]"라고 설명한다.

승부의 세계는 스포츠에만 존재하는 게 아니다. 인생을 살다 보면 이기고 지는 일이 반복해서 일어난다. 결국, 지는 것을 두려워하는 사람은 아무것도 하지 못한다. 패배를 발판 삼아 더 높은 곳으로 도약해야 큰 사람이 된다.

졌다고 해서 좌절할 이유도 없다. 경기에서 졌다고 인생의 패배자는 아니다. 패배는 그날 한 경기뿐이다. 패배를 통해 수많은 교훈과 투지,

열정을 얻는다면 그것만으로도 나쁘지 않다. 그것을 발판으로 삼아 도약해서 더 멀리 날아가면 된다.

대부분 스포츠에는 심판이 있다. 경기 룰도 존재한다. 경기 룰에 따라 게임이 끝나거나 심판이 경기를 중단시키면 게임을 더하고 싶어도 할 수가 없다. 그러나 인생은 다르다. 심판이 없다. 내 인생을 간섭할 룰도 존재하지 않는다. 누구도 내 인생에 간섭하지 못한다. 내 마음대로 설계하고 뒤집을 수 있다. 스스로 포기하지 않는 한 게임은 끝나지 않는다. 열 번, 아니 그 이상 패배해도 다시 도전할 수 있다. 수많은 패배를 딛고 마지막에 한 번만 승리해도 승리자로 기억될 것이다.[70]

바닥을 기던 아기가 걷고 뛰기까지 과정을 생각해보자. 아기는 기면서 일어나는 것을 배운다. 힘겹게 일어나면 걷기 위해 수백, 수천 번 넘어진다. 수없이 자빠지고 엎어지면서 겨우 일어나서 걷게 된다. 그리고 뛰는 것을 배운다. 모든 것은 단계가 있다. 어린아이가 뛰기까지 약 2년이 걸린다. 2년 동안 수없이 많은 실패를 거듭한다. 그 많은 실패의 경험이 쌓여서 성공이 만들어진다.

인류 역사에서 위대한 업적을 남긴 사람들도 수많은 실패를 경험하면서 대업을 이루었다. '농구 황제' 마이클 조던Michael Jordan은 노스캐롤라이나대학교 2학년 때 학교 대표팀에서 탈락했고, 영국의 생물학자 찰스 다윈Charles Robert Darwin은 교사로부터 느리고 평범하다는 평가를 받았으며, 미국의 만화영화 제작자 월트 디즈니Walt Disney는 직장에서 창의력이 부족하다는 이유로 해고당했다.[71]

경기에서 지는 것보다 이긴 경기에서 아무것도 배우지 못하는 것이 더 나쁘다. 지더라도 얻는 게 있다면 그것으로 충분하다. 반성하고 수정하고 다듬어서 다음 시합을 준비하면 된다. 그러면서 더 나은 선수로 성장한다.

어릴 적부터 과정보다 결과에 집착한 아이는 이긴 게임에서도 얻는 것이 없다. 이긴 게임에선 자기반성을 하지 않는다. 이기면 그만이다. 무엇을 잘해서 이겼고, 무엇을 못해서 졌는지 제대로 된 분석을 하지 못한다. 만약 이긴 게임에서 얻는 것이 없다면 패배한 것과 다르지 않다. 아니 그보다 못할 수도 있다.

아무리 잘하는 선수라도 자기반성이 없다면 절대로 훌륭한 선수가 될 수 없다. 자기반성을 못하는 선수는 자신이 무엇을 잘하고 무엇이 부족한지조차 모르고 있을 가능성이 크다. 그런 선수는 한 번 부진에 빠지면 슬럼프에서 벗어나기가 어렵다.

타고난 재능이 많은 선수일수록 이런 유형이 많다. 재능에 의존한 채 노력하지 않거나 자기반성을 하지 않으면 절대로 오래가지 못한다. 지금 당장은 부족하더라도 오늘 경기 승리의 원동력을 제대로 분석하고, 패배 원인을 정확히 끄집어낼 수 있는 선수가 나중에는 더 성장한다.

김봉년 서울대 의과대학 소아청소년정신과 교수는 "실패나 좌절을 겪지 않고 단번에 성공하는 것이 좋은 것만은 아니다. 아이들이 실패를 경험하지 않으면 실패에 어떻게 대처해야 하는지 알 수 없다. 실패를 이겨낼 힘을 기르지 못한다. 부모가 해야 할 일은 아이가 실패하지 않도록 길을 다지는 것이 아니라 실패해도 다시 일어날 수 있도록 용기를 북돋는 일이다[72]"라고 조언한다.

마지막으로 미국 해군 특수부대 네이비실Navy SEAL의 사후 행동 점검 After Action Review을 소개할까 한다. 나는 운동은 물론이고 장·단기 비즈니스 계획을 세울 때도 네이비실의 사후 행동 점검을 반드시 확인한다. 다음은 네이비실의 사후 행동 점검 5단계다. 아이들이 어릴 적부터 사후 행동 점검을 습관화한다면 좀 더 능동적으로 운동하고 성장하는 아이가 될 것이라 확신한다.

① 얻고자 한 것은 무엇인가? [목표]

② 얻은 것은 무엇인가? [결과]

③ 차이와 그 원인은 무엇인가? [원인분석]

④ 해야 할 것은 무엇인가? [개선]

⑤ 하지 말아야 할 것은 무엇인가? [교훈]

멀티플레이어보다
전문화 시대

'타격 천재' 노상진은 왜 방출되었나?

　1984년 어느 날이었다. 창단 3년째를 맞은 서울 길동초등학교 야구부가 운동에 한창이었다. 운동장에선 오후만 되면 시커멓게 그을린 아이들이 유니폼을 입고 부산하게 움직였다. 아이들의 야무진 기합 소리와 알루미늄 배트의 날카로운 타격음, 그리고 코치의 잔소리 같은 꾸지람이 마치 오케스트라 연주처럼 풍성하고 조화롭고 다채롭게 어우러져서 울려 퍼지고 있었다. 매일 반복되는 일상이지만, 야구부 주변을 서성이면서 신기하고 부러운 눈으로 바라보던 아이가 있었다. 이 학교 4학년이던 노상진이다.

　어린 노상진이 야구부에 관심을 보인 이유는 간식 때문이었다. 오후 3~4시가 되면 야구부에 빵과 우유가 가득 담긴 상자가 도착했다. 야구부 아이들은 작은 손으로 커다란 빵을 하나씩 들고 우유와 함께 맛있게 먹었다. 그땐 요즘처럼 먹을거리가 많지 않았다. 변변한 간식거리도 없었다. 간식거리는 아이들에게 대단한 유혹이었다. 노상진은 머지않아 야구부가 되었다.

나는 길동초등학교 4학년부터 배명중·고등학교까지 9년간 노상진과 함께 운동했다. 그는 팀의 분위기 메이커였다. 유머러스하고 활달할 뿐만 아니라 긍정적이고 착한 성품을 지녀서 친구들에게 인기가 좋았다.

특히 흉내 내기를 잘했다. 무엇인가를 한 번 보면 그대로 따라 하는 재주가 있었다. 당시 유행했던 개그맨들의 유행어와 몸개그를 똑같이 따라 했다. 선배들은 팀 분위기가 가라앉아 있을 때면 늘 노상진 카드를 썼다. 노상진은 그때마다 모두가 배꼽 잡고 웃을 때까지 탁월한 개인기를 발휘했다. 참 유쾌한 아이였다.

흉내 내기를 잘하는 건 야구를 하는 데도 대단히 유리했다. 코치가 한 번만 시범을 보여도 거의 똑같이 따라 했다. 다른 사람의 스윙도 한 번만 보면 비슷하게 따라 했다. 그가 야구 영재였던 것인지, 천재였던 것인지는 중요하지 않았다. 한 가지 확실했던 건 습득력이 또래보다 빨랐다는 점이다.

타격뿐만 아니라 수비와 주루 플레이도 잘했다. 체력은 뛰어나다고 할 수 없었으나 뒤처지는 일은 없었다. 모든 면에서 손색이 없는 멀티플레이어였다. 배명고 3학년 시절에는 중심타선에서 엄청난 타력을 휘둘렀다. 당시 아마추어 최고의 타자로서 배명고의 전국대회 3연패를 이끌었다. 그해 타율은 5할을 넘겨 이영민 타격상까지 받았다. 타격감만 놓고 보면 김동주를 능가했다.

노상진의 성공을 의심하는 사람은 아무도 없었다. 약간 교타자 스타일의 스윙을 했지만, 고학년으로 올라가면서 힘까지 붙어 장타를 펑펑 날렸다. 타격에서는 흠잡을 데가 없었다. 프로에서 성공을 넘어 엄청난 대기록을 세울 수도 있다는 섣부른 전망까지 나돌았다.

그러나 노상진의 전성기는 거기까지였다. 경희대학교 1학년 때 국가대표로 뽑혔지만, 이전과 같은 활약은 펼치지 못했다. 1997년 한화 이글스에 입단 후에는 아무런 힘도 써보지 못하고 이듬해 방출 통보를 받았다.

고교 시절 엄청난 타력을 휘두르던 그에게 무슨 일이 있었던 것일까? 한국 야구를 이끌어갈 유망주로서 기대를 한몸에 받았던 그는 왜 경쟁에서 밀려났을까? 한때 배명고의 중심타선에서 함께 땀 흘리며 웃고 울었던 동료로서 몹시 안타까운 일이다. 앞으로 어린 유망주들이 노상진과 같은 아픈 전철을 밟는 일이 없도록 머리를 맞대고 고민할 필요가 있다.

프로에서 오래 견디는 선수들의 공통점

노상진의 퇴보는 여러 측면에서 분석할 수 있다. 우선 우유부단한 성격을 들 수 있다. 늘 느긋하고 잠이 많아서 '게으른 천재'라는 소리를 들었다. 타고난 운동신경과 감각을 지나치게 믿었던 것인지 또래보다 노력이 부족했던 건 사실이다. 타고난 재능만으로는 프로의 세계에서 살아남을 수 없다는 걸 그를 통해서 다시금 배우게 되었다.

나무 배트 부적응도 들 수 있다. 당시 아마추어 야구에서는 알루미늄 배트를 사용했다. 2000년부터 고교 야구의 나무 배트 사용이 의무화되었다. 우리 세대 선수들은 프로구단에 입단해서 나무 배트를 처음 사용했다.

알루미늄 배트는 나무 배트보다 스위트스폿이 넓고 반발력이 좋아서 훨씬 멀리 날아간다. 나무 배트로 치면 평범한 외야 플레이로 잡힐 공이 담장을 넘어가기도 한다. 내 또래 혹은 선배 세대 중에는 프로에서 나무 배트에 제대로 적응하지 못해 빛을 보지 못한 선수가 적지 않았다.

노상진도 그중 한 사람이 아니었나 싶다. 그러나 노상진은 알루미늄 배트를 사용한 대학 시절에도 고교 시절 실력을 발휘하지 못했으니 나무 배트 부적응은 그의 부진과 상관관계가 많지는 않은 것 같다.

내가 생각하는 노상진의 첫 번째 퇴보 원인은 주특기가 모호했다는 점이다. 아마추어에서는 학년이 올라가면 자연스럽게 대회 출전 기회가 열린다. '엔트리에 들지 못하면 어떻게 하지?' 하는 부담감이 크지 않다. 그만큼 실력을 발휘할 기회가 많다.

프로는 전혀 다르다. 입단하면 쟁쟁한 선배들이 버티고 있다. TV에서나 봤던 레전드들과 같은 유니폼을 입고 한솥밥을 먹는다. 꿈인지 생시인지 모를 만큼 정신이 없다. 그런 상황에서 엔트리에 들기란 하늘의 별 따기다.

어설픈 실력으로는 엔트리에 들기는커녕 구단에서 3년 버티기도 어렵다. 프로선수들은 청소년 대표 경력이 한 번쯤은 있는 엘리트들이다. 모두 실력자다. 프로 구단에는 그런 실력자들이 이미 한 자리씩 차지하고 있다. 누군가가 부상으로 빠지지 않으면 비집고 들어갈 틈이 없다.

[표 2-8] 고교 야구의 알루미늄 배트 사용 '찬성' 혹은 '반대'

찬성 이유
나무 배트 자체가 어린 타자들에게 버겁다.
어린 선수가 나무 배트로 투수를 상대하기가 어렵다.
자기 스윙을 하지 못하고 공을 맞히는 데 급급하다.
투수들은 타자를 비교적 쉽게 상대할 수 있어서 힘을 기르지 않는다.
좋은 타자는 물론이고 좋은 투수도 나오지 않는다.
반대 이유
알루미늄 배트를 사용하면 안타(장타)가 늘어나 투수에게 큰 부담을 준다.
투수들이 아마추어 때부터 혹사를 당한다.
현재의 국내 아마추어 야구 투수력으론 알루미늄 배트를 감당해낼 수 없다.
투수들 성장에 도움이 되지 않는다.
프로 데뷔 후 나무 배트에 적응하는 시간이 걸린다.

신인 선수가 선배들 사이를 비집고 들어가려면 한 가지라도 특기가 있어야 한다. 예를 들어서 수비 능력이 좋은 선수나 주루 플레이가 뛰어난 선수는 교체 요원으로라도 경기에서 뛸 기회가 있다.

백업 선수라고 실망할 일이 아니다. 백업 선수로서 10년 이상 선수 생활을 하는 경우도 많다. 한 가지라도 확실한 특기를 가진 백업 선수는 성적이 부진하더라도 구단에서 쉽게 방출하지 못한다. 반면에 적당히 여러 가지를 하는 선수는 좀처럼 기회를 얻기가 어렵다. 벤치에서 3년만 버텨도 대단한 일이다. 프로팀에서 많은 선수를 지켜보면서 절실하게 느낀 점이다.

노상진의 특기는 타격이었지만, 프로에서 통할 실력은 아니었다. 프로에선 입증된 기록이 없으니 기회를 잡기가 더 어려웠다. 수비나 주루 플레이도 잘했으나 프로에서 명함을 내밀 만한 실력은 아니었다. 한마디로 어설픈 멀티플레이어였다.

멀티플레이어는 현대 프로야구에서 생존 가능성이 크지 않다. 멀티플레이어보다 한 가지에 특출한 실력이 있는 선수가 유리하다. 실전 게임에서 활동도가 높기 때문이다. 이런 추세는 앞으로도 크게 변화하지 않을 것이라고 확신한다.

교체 요원이라도 임무를 충실하게 해내면 선발 엔트리에 들어 팀의 주전 멤버가 될 수도 있다. 그렇게 해서 자리를 잡은 프로야구 선수가 제법 많다.

오로지 빠른 발 하나로 17년간 그라운드를 누빈 선수가 있다. LG 트윈스와 KIA 타이거즈, KT 위즈에서 선수 생활을 한 이대형이다. KBO 리그 역대 최초 3년 연속 60 도루, 역대 3번째 개인 통산 500 도루가 그가 남긴 기록이다.

이대형은 어린 시절 야구 하는 걸 반대하던 어머니에게 "프로에서 최소한 대주자는 할 수 있다[73]"라며 떼를 썼다고 한다.

전 미국프로농구NBA 성과 코치이자 스포츠·비즈니스 분야의 코칭 전문가인 앨런 스테인 주니어는 2020년 발간한 『승리하는 습관 : 승률을 높이는 15가지 도구들』에서 "못 하는 일은 넣어 두고 잘하는 것에 집중하라. 그렇게 하면 성공할 수 있다"라고 저술했다. 카일 코버Kyle Kerver와 J.J. 레딕J.J. Redick 같은 NBA 슈터들을 예로 들면서 슛으로만 막대한 돈을 벌 수 있다고도 주장했다.

그는 또 "다재다능한 능력은 과대평가되고 있다. 자기인식을 통해 당신이 가장 잘하는 것에 전념해야 한다. 다른 그 누구보다 잘하는 것 한 가지를 찾아내 거기에 모든 시간과 에너지를 쏟아부어야 한다[74]"라며 운동선수의 전문성을 강조했다.

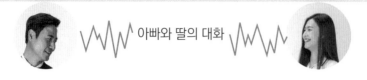

야구선수에겐 너무나도 쉬운 골프?

조해연   야구공 치다 골프공 치면 쉽게 느껴져요?

조　현   해연이도 야구를 해봐서 잘 알 것 같은데?

조해연   난 아빠 운동신경을 닮아서 그런지 골프를 먼저 하고 야구를 늦게 시작했는데
          도 야구공 치는 게 어렵지는 않았어요.

조　현   그런 것 같더라. 몇 번 배웠는데, 2루타를 치고 나가는 걸 보고 깜짝 놀랐어.

조해연   아빤 골프 처음 시작했을 때 어땠어요?

조　현   아무래도 날아오는 공을 치다 서 있는 공을 치니까 쉽고 재미있더라고. 근데 스
          코어가 70대에서 언더파로 가기까지가 너무 어렵더라. 야구는 열 번 중 세 번
          만 성공해도 최고의 타자가 되는데, 골프는 열 번 중 세 번만 실수해도 안 되는
          게임이거든. 운동신경이 뛰어난 프로선수 출신이라도 쉽게 할 수 있는 운동이
          아니야.

조해연   아빠처럼 프로야구 선수 생활하다 프로골퍼가 된 사람이 많아요?

조　현   OB 베어스 외야수 출신 김영용 선배가 제일 먼저 시작했고, 김홍기(태평양 돌
          핀스), 김원식(OB 베어스 · 쌍방울 레이더스), 방극천(쌍방울 레이더스), 인현
          배(LG 트윈스), 이준용(LG 트윈스), 김경진(쌍방울 레이더스), 김유봉(OB 베어
          스) 정도야. 골프를 좋아하고 잘하는 사람은 더 많은데, 실제 프로골프 테스트

148   평범한 내 아이 스포츠 영재 만들기

에 도전해서 합격한 사람은 그렇게 많지 않아.

조해연　골프는 오래 할 수 있으니까 일찍 은퇴한 선수들한테는 도전할 만할 것 같아요.

조　현　은퇴한 프로야구 선수나 은퇴를 앞둔 선수들한테 그 문제로 문의가 많이 들어와. '프로골퍼 나도 할 수 있겠냐?'라는 건데, 절대 쉽지 않아. 야구보다 더 많은 시간이 걸리고, 더 많이 노력해야 해. 야구 할 때보다 두세 배로 열심히 할 각오가 아니면 시작하지도 말라고 얘기해. 그냥 즐기면서 치라고….

조해연　반대로 골프를 하다 야구로 전환하면 어떨까요?

조　현　더 어렵지. 골프는 오랫동안 선수 생활을 할 수 있어서 늦게 시작해도 투어에서 우승하는 선수가 나오지만, 야구나 축구는 중학교 때 시작하면 따라가기 어려울 거야. 2~3년 운동해서 고등학교에 진학해야 하는데, 그 사이 실력을 키울 수 있을까? 운동 시작 전에 여러 운동을 하면서 단련된 상태라면 몰라도 골프만 했던 아이가 중학교 때 야구로 전환하면 선수로선 어려울 것 같아.

3장

현명한 **부모**와 훌륭한 **지도자**

옛것에 집착할수록 공부하지 않는 지도자일 가능성이 크다. 그런 지도자들의 특징은 과거 자신이 배웠던 방법이나 결과가 좋았던 방법을 고집한다. 그것이 문제의 시작이다.

기회를 주는
지도자

코치의 지도력이 의심된다면

한 지인으로부터 전화가 걸려왔다. 아이가 야구를 하고 있는데, 이대로 계속 시켜야 할지 고민이라고 했다. 아이의 실력은 늘지 않고 코치의 지도 방식은 마음에 들지 않아서 다른 지도자를 찾고 싶다는 것이다.

아이 아버지는 내게 두 가지를 묻고 싶었던 것 같다. 하나는 '아이에게 이대로 운동을 시키는 것이 맞는지'이고, 또 하나는 '다른 지도자를 소개해줄 수 있냐'가 아니었을까 싶다. 아이 아빠는 이미 코치를 신뢰하지 않는 눈치였다. 그 마음이 어느 정도인지는 가늠해볼 수 없지만, 코치에게서 마음이 멀어진 건 분명해 보인다.

아이를 둔 부모로서 고민되지 않을 수 없다. 내가 아이 아빠였어도 똑같은 고민을 했을지도 모른다. 참 난처한 상황이다.

아이 아빠에 따르면 아이는 야구에 재능이 있지만, 뚜렷하게 두각을 나타내지는 못하고 있다. 볼 스피드는 늘지 않고 시합도 나가지 못하고 있다. 학년이 올라갈수록 초조한 마음이다. 언제까지 코치만 믿고 지켜볼 수도 없는 노릇이다. 야구를 계속 시켜야 할지도 의문이다.

나에게 이런 상담이 심심찮게 들어온다. 이런 상담은 나를 난처하게 한다. 부모의 마음을 누구보다 잘 알지만, 야구선수 출신으로서 야구계 섭리와 지도자들의 마음도 누구보다 잘 알기 때문이다.

냉철하게 따져보자. A 코치를 믿고 맡긴다면 어떨까? 아이와 코치에게 심리적 압박감을 덜어주고 장기적인 목표를 세워 훈련할 수 있지만, A 코치의 지도 방식을 따라가지 못하는 아이를 언제까지 방관할 것인가를 고민하지 않을 수 없다. 지도자가 누구냐에 따라서 아이의 인생이 달라질 수 있기 때문이다.

낙관론과 비관론이 팽팽하게 맞선다. 내 의견은 아이를 A 코치에게 맡겼다면 A 코치를 믿고 따라야 한다는 쪽이다. 아이의 성적에 따라, 또래와 비교하며 안절부절 어쩔 줄 몰라 하는 모습을 보이는 건 모두에게 이롭지 않다. 일단 A 코치에게 아이를 맡겼다면 일정 기간 믿고 따라가는 것이 최선책이다.

이 문제로 여러 코치와 이야기를 나눈 적이 있다. 지도자들 의견은 한결같았다. 아이들 성장·발달 시기와 과정은 모두 달라서 아이에게 가능성이 보인다면 믿고 지켜봐달라는 것이다.

한화 이글스 출신의 아마추어 야구 코치 윤근주는 아이들의 성장 가능성을 점치기는 어렵다고 말한다. 운동을 처음 시작했을 땐 전혀 재능을 보이지 않다가 어느 순간부터 급성장하는 아이가 적지 않다는 것이다. 앞에서 설명했듯이 아이들의 성장·발달 시기와 과정이 모두 달라서다.

그런데 대다수 학부모는 아이들의 성장·발달 과정을 차분하게 인내심을 가지고 기다리지 못한다. 초등학생 아이에게 이제 막 운동을 시켜 놓고 마음은 프로팀에 가 있다. 마음이 급하고 늘 누군가에게 쫓기는 사람처럼 초조하다.

처음 학부모들과 상담할 때는 대부분 '코치님이 알아서 지도해주세요'라고 말한다. 보통 학부모와는 많이 다른 것처럼 이야기하는 사람도 있다. 모두가 성인군자 같다. 그런데 한두 달만 지나면 코치와 아이들에게 부담을 주기 시작한다. 아이 실력이 늘지 않는다는 이유로 불만을 품고 이것저것 간섭한다. 지금 당장 성적 내기를 바라는 부모들은 아이들이 기본기 연습만 하는 것에 못마땅해한다. 또래와 비교해 뒤떨어진다고 생각하기 때문이다.

과거 야구선수들은 어땠을까? 재능이 있는 아이는 늦게라도 재능을 드러낸다. 대학에 진학한 후 몸이 좋아져서 실력이 뒤늦게 나타나는 아이도 있다. 유명 프로야구 선수 중에도 이런 예가 적지 않다.

좋은 대학 진학을 위해 아이를 유급시키는 부모도 있다. 아이의 성장세가 뚜렷한데 운동을 늦게 시작해 또래보다 처져 있는 경우, 아이가 늦게라도 성장할 것이라고 확신하는 경우 이런 초강수 결정을 내리기도 한다. 무모한 방법처럼 보일 수도 있으나 이런 방법으로 좋은 대학을 거쳐 프로 구단에 입단한 선수가 종종 있다. 단, 유급은 하고 싶다고 할 수 있는 게 아니다. 분명한 사유가 있어야 한다.

A 코치가 아이와 잘 맞는지를 따져보는 것도 좋다. 김연아의 코치였던 브라이언 오서는 "나와 꼭 맞는 지도자가 최고의 스승[75]"이라고 했다. 김연아가 동계올림픽에서 금메달을 딸 수 있었던 건 자신이 훌륭한 지도자여서가 아니라 김연아와 잘 맞아서 훌륭한 결과가 나올 수 있었다는 것이다.

'고려대 빠삐용' 이상훈의 조력자들

그렇다면 나와 잘 맞는 코치는 어떤 타입일까? 사람마다 성격도, 운동능력과 성향도, 원하는 지도자상도 달라서 누군가의 추천으로 결정할 문제는 아니다. 온전히 자신의 판단에 달려 있다. 그래서 자신과 잘 맞는 지도자를 찾기란 참으로 어려운 일이다.

하지만 모든 사람의 개성이 달라도 한 가지 분명한 것이 있다. 나에게 기회를 주는 지도자다. 나에게 기회를 주지 않는 지도자는 아무리 훌륭해도 나와 함께할 수는 없다. 아이에게 천재적인 재능이 있어도 지도자가 기회를 주지 않으면 아이는 성장하지 못한다.

반면에 특출한 재능이 없어도 지도자가 믿고 기회를 준다면 자신감이 생기고 운동이 즐거워진다. 기대에 부응하기 위해 더 열심히 노력한다. 기회를 주지 않았는데 혼자서 성장한 스포츠 스타는 없다. 모든 스포츠 스타는 기회가 주어졌을 때 실력을 발휘하면서 성장하기 시작한다.

이병규는 단국대 재학 시절 강문길 감독과 만나 자신의 야구 인생 꽃

망울을 터트렸다. 고교 시절까지 크게 이름을 날리지 못했던 이병규는 대학 진학 후 인생 갈림길에 서게 되었다. 김광현(1971년생), 김홍집, 인현배 등 국가대표 출신 쟁쟁한 선배들 밑에서 살아남을 수 있을지 걱정이었다.

그런데 강문길 감독은 1학년이던 이병규를 주전으로 기용하면서 남다른 신뢰를 보였다. 1학년이, 그것도 타자가 주전으로 기용되는 일은 흔치 않다. 이병규는 고교 시절 날리던 선수도 아니었다. 이병규의 빠른 발과 왼손 타자라는 점을 보고 가능성을 읽은 것인지 강문길 감독의 이병규에 대한 신뢰는 대단했다. 이병규에 대한 이야기는 5장에서 자세히 다루도록 하겠다.

이상훈 역시 지도자를 잘 만나 성장한 대표적인 선수다. 이상훈은 어린 시절부터 자신에게 기회를 주는 지도자를 계속해서 만났다. 중학교 시절에는 편은식 코치와의 인연이 각별하다.

중학생 이상훈은 LG 트윈스 시절 이상훈과는 달랐다. 체격이 왜소하고 배짱도 없었다. 불리한 상황에 몰리거나 강타자를 마주하면 스트라이크를 던지지 못했다. 당시 강남중학교 야구부 편은식 코치는 그 점이 늘 마음에 들지 않았다.

편은식 코치는 이상훈의 담력을 키우기 위해 특별 훈련을 계획했다. 어느 날 야간 훈련 시간에 이상훈에게 4층으로 혼자 올라가 총재 하나를 가지고 오라는 지시를 내렸다. 불이 꺼져 깜깜한 교실에 혼자 들어가야 했다. 간이 작은 이상훈에게는 엄청난 숙제였다. 심호흡해가며 겨우 총채를 찾아왔으나 코치는 곧바로 새로운 임무를 내렸다. 총채를 그

자리에 갖다 놓으라는 지시였다. 겁이 많은 이상훈은 총채를 제자리에 꽂아두지도 못하고 교실 바닥에 내팽개치면서 재빨리 교실을 빠져나왔다. 그때 교실에 숨어 있던 편은식 코치는 불쑥 나타나 이상훈을 놀래 주었다.[76]

대학 입학 후에는 최남수 감독의 이상훈 구하기가 이어진다. 숙소 무단 이탈이 반복되자 학교 스포츠 담당자는 팀워크를 해친다는 이유로 이상훈을 무조건 자르라고 압박했다. 그때마다 최남수 감독은 이상훈이 대회에 빠진 적이 없다는 이유로 방패막이가 되어주었다.[77]

이상훈은 "최남수 감독님이 많이 챙겨주셨다. 방황하던 나를 많이 잡아주셨다. 고3 때부터 고려대 야구부와 함께 움직였다. 미리 데려다 입학하기 전에 정기전 합숙까지 했다. 고대는 지방에서 올라온 학생만 기숙사 생활을 할 수 있었는데, 가정 형편이 어려운 나를 학교에서 합숙할 수 있도록 도와주셨다[78]"고 회상했다.

공부하는
지도자

"누가 그렇게 하래? 다시 바꿔!"

나는 1998년 LG 트윈스 2군에서 프로 생활을 시작했다. 2군 타격 코치와 함께 2% 부족했던 내 스윙을 완성해갔다. 타석에서 3연타석 홈런을 때려내니 곧바로 1군으로 올라오라는 연락이 왔다. 몸이 날아갈 듯 가벼웠다. 스윙감도 최고조에 있었다. '이번에 제대로 보여주겠어'라는 생각으로 1군에 합류했다. 그러나 내 타격 자세를 본 1군 코치의 한마디가 날 공황상태로 몰아넣었다.

"누가 그렇게 치래. 다시 바꿔!"

난 내 의지와 상관없이 원래의 스윙으로 되돌려야 했다. 그리고 찜찜한 기분을 안고 첫 타석에 들어섰다.

꿈에 그리던 첫 타석이었지만, 떨거나 위축되지는 않았다. 타격감이 워낙 좋았기 때문에 '하나만 걸려라'라는 생각으로 눈을 부릅뜨고 투수를 노려봤다.

삼성 라이온즈 임창용과의 대결이었다. 임창용은 나보다 두 살이 어렸지만, 광주진흥고를 졸업하고 곧바로 프로로 전향해 이미 프로에서 이름을 날리고 있었다.

코치의 주문은 한 가지였다.

"자신 있게 돌리고 와!"

나는 초구부터 공격적으로 배팅했다. 파울볼이 6~7개쯤 나오면서 팽팽한 기 싸움이 이어졌다. 그리고 몇 구째였는지는 모르겠으나 커다란 공이 내 눈에 들어왔다. '이거다'라는 생각에 자신 있게 배트를 돌려버렸다. 공은 내 배트에 맞지 않았다. 삼진이었다. 허탈한 마음을 안고 벤치로 향했다.

"짝짝짝짝!"

"잘했어!"

벤치에서 의외의 반응이 나왔다. 삼진을 당하고 온 나에게 박수를 보내주었다. 신인이 첫 타석에서 나처럼 시원하게 배트를 돌린 사람은 없었다는 것이다. 난 코치의 박수가 달갑지 않았다. '내가 지시했던 타격 자세로 다시 바꿔줘서 고마워'라고 말하는 것처럼 들렸기 때문이다.

결국, 2군에서 보여주었던 타격감은 사라지고 말았다. 얼마 지나지 않아 다시 2군으로 내려갔다. 그렇게 1군과 2군을 오르내릴 때마다 코치들이 원하는 타격 자세로 바꿔서 타석에 들어가야 했다.

LG 트윈스는 자율야구를 표방했으나 나 같은 신인이나 1군과 2군을 오르내리는 선수들에게는 예외였다. 해당 코치들이 자신들의 입맛에 맞는 스윙을 주문했다. 코치들끼리 자존심 경쟁이라도 했던 것인지, 자신들만의 스윙 철학이 확고했던 것인지 알 수가 없었다. 나중에 알고 보니 나에 대한 스윙 데이터를 전혀 공유하지 않고 있었다. 그래서 난 코치가 바뀔 때마다 해당 코치의 입맛에 맞는 스윙을 할 수밖에 없었다.

내겐 너무나 아프고 속이 상하는 기억이다. 아주 오래전 일인데도 내 머릿속에 생생한 기억으로 남아 있다. 야구에서 타격 자세를 바꾸는 건 골프선수에게 경기 전에 그립 쥐는 방법을 바꾸라고 지시하는 것과 같다. 스트롱 그립으로 우승하던 선수에게 '오늘부터 위크 그립으로 스윙해'라고 지시하지 않는다. 선수마다 신체 조건과 특성, 체력, 스윙 습관 등이 모두 다르다. 지도자라도 자신만의 방법을 모든 선수에게 똑같이 강요해선 안 된다.

프로야구 코치들이 이것을 모를 리 없다. 그런데 현실에선 이런 어처구니없는 일들이 일어나고 있다. 왜 그런 걸까? 자기 방법만을 고집하는 코치가 많기 때문이다.

내가 프로야구 선수로 활약했을 땐 구단에서 소속 선수 개개인의 스윙 데이터를 만들거나 공유하지 않았다. A 선수가 어떤 컨디션으로 어떤 스윙을 하면서 어떤 성적으로 1군에 올라왔는지 알 방법이 없었다. 2군에서 아무리 잘 쳤어도 1군에 올라가는 순간 1군 타격 코치의 입맛에 맞는 스윙으로 바꿔야 했다.

그렇다고 코치들을 원망하진 않는다. 코치들의 조언과 지시를 빠르게 받아들여서 내 것으로 소화해내지 못한 내 잘못도 크다. 나는 그때의 가슴 아픈 기억을 되새기면서 지도자로서 확고한 신념과 철학을 갖게 되었다. 내 나름대로 지도자가 갖추어야 할 덕목을 정한 것도 이때의 가슴 아픈 기억 때문이다.

지도자가 갖춰야 할 덕목은 대단히 많다. 선수 출신으로서 아이를 가르치면서 내가 얼마나 부족한 지도자인지 느끼고 있다. 좋은 지도자가 되기 위해 매일 공부하고 고민해도 내가 생각하는 좋은 지도자상에는 미치지 못한다. 스스로 자질이 부족하다고 느낀 것도 딸 아이에게 운동을 가르치면서였다. 그 전까지는 내가 지도자로서 무엇이 부족한지도 모른 채 여러 사람을 가르치고 있었다.

내가 지도자로서 아이들이나 학부모들에게 어떤 모습으로 비추어졌을지는 모르겠다. 나름 성실하고 정직하게 가르쳤다고 자부하지만, 아이들의 눈높이로 바라본 내 지도 방식은 탐탁지 않은 수준일 수도 있다는 생각을 하게 된다. 매일 반성하면서 새로운 것들을 찾아 공부하고 연구하지 않으면 한 발짝도 앞으로 나아가지 못한다는 걸 명심하고 있다.

지도자는 선수들 못지않게 노력해야 한다. 지도자의 나태함은 수업 내용에 그대로 드러난다. 더 무서운 건 지도자의 나태함이 아이들의 나태함으로 전이되어 나타날 수 있다는 점이다.

요즘 아이들은 과거와는 다르다. 과거에는 코치가 가르치면 군소리 없이 따랐는데, 요즘 아이들은 한 가지를 가르치면 늘 '왜요?'라는 말이 따라붙는다. 그립 쥐는 법, 어드레스 때 다리 넓이, 체중 이동 같은 골프 스윙의 기본을 설명할 때도 '왜 그렇게 해요?'라고 질문하는 아이가 많다. 제대로 알고 가르치지 않으면 아이의 질문에 답변하지 못한다. 아이 앞에서 망신을 당할 수도 있다.

우승 경험 있는 지도자와 없는 지도자

내가 생각하는 좋은 지도자의 조건을 몇 가지만 소개하도록 하겠다.

첫 번째는 풍부한 경험이다. 지도자에게 경험은 필수 덕목이다. 선수로서 경험이 없는 사람이 선수를 지도하기는 쉽지 않다. 경험 많은 지도자가 우승 경험까지 있다면 더 좋다.

"선수 출신이나 우승 경험이 없는 사람은 좋은 지도자가 될 수 없나?"라고 반문할 사람이 많다는 걸 잘 안다. 선수 출신이 아닌 사람 중에도 훌륭한 지도자가 많다는 것도 부인할 수 없다. 그런데도 내가 선수 경험이나 우승 경험을 강조하는 이유는 정상으로 가는 길을 누구보다 잘 알고 있기 때문이다.

정상으로 가는 길은 쉽지 않다. 수없이 많은 어려움과 위험이 도사린다. 대장정의 모험이다. 정상에 올라본 경험이 없는 사람은 불확실한 미래를 향해 달려가는 선수들과 다르지 않다. 불안하고 두렵다. 지도자는 아이들의 진학을 넘어서 미래를 쥐고 있다고 해도 과언이 아니다.

프로에서든 아마추어에서든 단 한 번이라도 정상에 올라본 경험이 있는 사람은 4강이나 준우승에 만족하지 않는다. 어떻게든 다시 정상에 올라가려 한다. 이겨본 사람만이 이기는 방법을 아는 것처럼 지도자도 많은 경험 중에서도 우승을 많이 해본 사람이 조금이라도 더 빨리 정상으로 가는 방법을 안다.

엘리트 선수들에게 우승보다 값진 건 없다. 평생 그것을 보며 달려간다. 양준혁은 자신의 모든 개인 타이틀과 2002년 첫 우승을 맞바꿀 수 있다고 했다. 선수로서 우승이 얼마나 소중한지를 느끼게 해주는 한마디다.

경험이 화려한 지도자에게 배우면 자신감과 신뢰감도 올라간다. 불필요한 의심이나 걱정을 하지 않아도 된다. 경력 자체가 신뢰감이고 카리스마다.

두 번째는 선수들과의 소통이다. 내가 운동을 처음 시작할 때는 소통의 중요성을 알지 못했다. 감독은 하늘처럼 높아 보여서 가까이하기도 어려웠다. 3년 동안 함께 운동하면서 감독과 말 한마디 해본 적 없다는 사람도 여럿 보았다.

그런 경직된 조직문화가 여전히 존재한다. 내 주변 학교 운동부 지도자들에게 물어보면 감독과 아이들의 직접적인 소통은 많지 않다고 한다. 예전과 비교하면 달라진 것은 분명하지만, 딱딱하고 경직된 분위기는 크게 달라지지 않았다는 것을 알 수 있다.

감독은 선수들에게 약간 무섭고 어려운 존재여야 한다고 주장하는 사람도 있다. 그중 한 명이 김성근 감독이다. 그는 2012년 출간한 저서 『김성근·김인식의 감독이란 무엇인가』에서 이렇게 주장했다.

"감독은 선수들에게 조금은 어렵거나 신비로운 사람이어야 한다. 같이 밥을 먹지 않는 것은 그런 이유다. 예를 들어 김재현과는 LG 유니폼을 벗고 야인으로 있으면서 허물없이 지냈다. 서로 얽히는 것이 없으니까 편하게 지냈다. 그러다가 SK에서 다시 유니폼을 입고 만났다. 그때 김재현과의 관계를 어떻게 하느냐를 놓고 고민했다. 결국, 더 엄하게 했다. 감독과 선수 사이에는 일정한 거리가 필요하다.[79]"

내 생각은 조금 다르다. 소통을 우리 몸에 비유하면 혈액순환과 같다. 혈액순환이 잘 안 되면 몸 이곳저곳에서 이상 신호가 온다. 처음에는 손발이 차가워지고 저리다가 피부가 창백해진다. 만성피로와 무기력증, 기억력 감퇴로 이어지기도 한다. 만약 심장 혈액순환이 문제라면 심근경색이 생기거나 심장마비로 사망할 수도 있다.

감독이 아이들과의 소통에 소홀하면 운동부 전체가 이런 위험성에 빠질 수 있다. 가장 흔한 예가 코치에게 보고만 받는 경우다. 코치들이 감독과 아이들 사이에서 중재자 역할만 하는 것이다. 그러면 감독은 선수 개개인을 파악하지 못한다. 코치는 문제가 될 만한 일이나 난처한 일들은 감독에게 보고하지 않는다. 선수들 사이에서, 선수와 코치 사이 불화나 갈등이 일어나도 곪아 터져서 세상에 드러나지 않는 한 감독은 알지 못한다.

염경엽 해설위원은 감독 시절 선수의 장단점을 매일 메모하고 분석하는 지도자로 유명했다. 비록 선수 시절은 화려하지 않았지만, 선수 개개인을 진심으로 대하는 모습에선 진정성이 느껴졌다. 소통하는 지도자로서는 단연 돋보였다.

세 번째는 공부하는 지도자다. 선수의 신체적, 심리적인 측면, 도구에 대한 측면에서 선수 개개인에 맞는 트레이닝을 해줄 수 있는 지도자가 좋다. 그러려면 트레이닝 이론은 물론이고 여러 분야 지식이 풍부해야 한다. 내가 가장 중요하게 생각하는 덕목이 바로 공부하는 지도자다. 아무리 경험이 많고 선수들과 소통을 잘해도 공부하지 않는 지도자는 도태한다.

그렇다면 공부하는 지도자와 공부하지 않는 지도자는 어떻게 분별할 수 있을까? 지도자를 몰래 따라다니면서 공부하는지 확인해볼 수도 없는 일이다. '나는 매일 몇 시간씩 공부한다', '한 달에 책을 몇 권씩 읽는다'라면서 스스로 공부하는 지도자라는 것을 뽐내는 사람을 곧이곧대로 믿어야 할까?

한 가지 합리적으로 추론할 방법이 있다. 옛것에 집착할수록 공부하지 않는 지도자일 가능성이 크다. 그런 지도자들의 특징은 과거 자신이 배웠던 방법이나 결과가 좋았던 방법을 고집한다. 그것이 문제의 시작이다.

매일 새로운 지식과 정보를 충전하는 지도자는 굳이 옛것에 집착하지 않는다. 계속해서 새로운 것을 시도한다. 그런 면에서 우리나라 상당수 지도자는 여전히 공부하지 않는 지도자일 가능성이 크다. 대부분 옛 운동 방식에서 벗어나지 못한다. 선배들이 그렇게 해왔고, 나도 그렇게 배워서 우승까지 했다는 이유로 모든 아이에게 똑같은 방법을 강요한다. 지금까지 공부하지 않았고, 앞으로도 공부할 의지가 없는 지도자다.

나는 내 아이에게 운동을 가르치면서 지금까지 내가 해왔던 운동 방식을 전부 의심하게 되었다. 매일 했던 체력훈련이 골프 경기력에 어떤 영향을 미치는지, 기계처럼 반복했던 트레이닝이 골프 스윙에 어떤 영향을 주는지 결과가 입증되지 않으면 아이에게도 가르치지 않았다.

내 아이만은 내가 겪었던 비효율적인 운동방법을 따라 하지 않기를 바라는 마음에서였다. 과거에 내가 해왔던 방법이 관절이나 근육을 다치게 할 수 있다면 다른 방법을 찾아야 한다. 같은 훈련이라도 조금이라도 적게 고생하면서 효과는 극대화할 방법을 고민해야 한다. 그렇게 해야 선수도 지도자도 덜 지친다.

야구선수 글러브를 예로 들어보겠다. 외야수는 내야수보다 큰 글러브를 사용한다. 앞뒤 좌우로 날아가는 공을 효과적으로 잡아내기 위해서다. 그런데 모든 외야수에게 큰 글러브가 효율적인 건 아니다. 개개인의 성향에 따라서 달라질 수 있다. 선수들의 신체적, 체력적 특성을 파악해서 커스텀 글러브를 추천한다면 모든 선수가 효율적으로 플레이할수 있다. 지도자의 인식 개선 없이는 불가능한 일이다.

모든 것을 완벽하게 갖춘 지도자는 없다. 위에서 제시한 세 가지 조건중 각각 70점 이상 줄 수 있다면 크게 나무랄 데 없는 지도자다. 단, 공부하지 않는 지도자는 최악이다. 경쟁에서 살아남지 못한다. 인생을 오래 살았다고 해서 모두가 훌륭한 어른이 될 수 없는 것과 같다.

운동선수 내 아이와
어떻게 대화해야 할까?

이야기를 들어주는 것만으로도 훌륭한 부모

2011년 방송된 핫초코 TV CF에는 초등학교 저학년 꼬마 아이와 김
성근 감독이 나란히 앉아 야구 이야기를 나누는 장면이 연출되었다.

꼬마	"야구 하고 싶다."
김성근	"나도요."
꼬마	"할아버지 야구 잘하세요?"
김성근	"쪼끔."

야구에 대한 서로 다른 열망을 드러낸 62살 차이 두 사람의 대화가 인
상적이다. 당시 프로야구를 떠나 독립리그 야구단을 조련하던 김성근
의 프로 복귀를 암시하는 것이 아니냐는 소문이 돌기도 했다.

그리고 11년이 지났다. 2022년 가을, 잊힌 핫초코 CF가 다시 회자했다. CF에 출연했던 꼬마가 2023년 KBO 신인 드래프트 4라운드에서 NC 다이노스 투수로 지명되었기 때문이다. 아이는 신일고 에이스로 활약했던 목지훈이다.

목지훈의 프로 전향 소식을 들은 김성근은 "움직임을 보니까 '야구 해도 되겠다'라고 했어. 내가 야구 하라고 했지. 그 친구가 '그렇게 성장했구나' 싶고. 어른들 말 한마디가 그렇게 무섭구나[80]"라면서 복잡하고 미묘한 감정을 드러냈다.

어른들의 칭찬과 조언이 아이들의 미래를 바꾼다. 어른들에겐 대수롭지 않은 한마디라도 아이에겐 강력한 동기부여이거나 인생의 목표가 되기도 한다. 김성근 감독의 따뜻한 한마디는 목지훈이 야구를 시작하는 걸 반대하던 어머니의 마음을 움직였고, 11년 뒤 KBO 신인 드래프트 판을 흔들어놓았다.

아이가 언어적으로 가장 많은 영향을 받는 곳은 가정이다. 부모의 말 한마디 한마디가 아이의 정서가 되고 성격이 되며 미래가 된다. 가정의 전폭적인 지원과 사랑, 따뜻한 말을 들으면서 자란 아이는 자신감과 책임감이 남다르다. 위기가 와도 방황하거나 잘 흐트러지지 않는다.

그렇다면 운동선수 아이를 둔 부모는 아이에게 어떤 식으로 말을 건네는 것이 좋을까? 이 문제의 해답을 찾기 전에 잠시 내 어린 시절 이야기를 해보겠다.

나는 운동을 마치고 집으로 돌아가면 부모님과는 운동 이야기를 거의 하지 않았다. 즐거운 일보다 힘들고 고민스러운 일이 많아서 부모님께 근심을 안겨드리고 싶지 않았다. 힘들 때마다 혼자서 고민하고 괴로워했다. 그래서 부모님은 내가 학교에서 아무런 문제 없이 열심히 운동하고 있을 것이라고 믿고 계셨다.

그렇게 어린 시절을 보내고 성인이 되어 내게도 아이가 생겼다. 나처럼 운동선수는 아니지만, 해연이도 골프를 시작해 프로골퍼가 되었다. 그제야 난 부모의 마음을 알게 되었다. 부모님은 내가 야구를 하면서 힘들어하고 있다는 걸 몰랐던 것이 아니라 지켜보고 계셨던 것 같다. 내가 스스로 이겨내길 바랐고, 사춘기 운동선수 아이에게 이러쿵저러쿵 잔소리해선 안 된다는 마음을 갖고 계셨을 것이다. 내가 해연이를 인내심 있게 지켜본 것처럼 말이다.

나는 아이가 골프를 시작하면서 공감대가 형성되어 행복했지만, 내 이야기는 거의 하지 않았다. 아이가 그날 보고 듣고 느낀 것들을 스스로 이야기할 수 있도록 들어주기에 집중했다.

아이의 정신 무장을 위해 아빠의 어린 시절 이야기를 꺼내면 역효과가 날 가능성이 크다. '라떼는 말이야' 처럼 기성세대를 비꼬는 말이 유행할 만큼 요즘 어린 세대는 '꼰대' 거부감이 심하다.

나는 아이가 나태해지는 것을 막기 위해 프로야구 선수를 그만두고 무일푼으로 골프를 시작했던 이야기를 들려주었는데, 반응이 싸늘했다. 그날 이후 아이는 나와 이야기하려 하지 않았다. 내 어려웠던 과거는 아이에게 금기어다.

그래서 작전을 바꿔서 칭찬을 해주기로 했다. 아이가 잘하는 것만 골라서 내가 해줄 수 있는 최대치의 칭찬을 해주었다. 아이는 아빠들의 뻔한 거짓말이란 걸 알면서도 자신감과 동기를 얻는 것 같았다.

왜 그런 걸까? '라떼는 말이야'라는 말 자체가 권위이고 복종을 강요하기 때문이다. 그 말을 들었을 때 아이는 선택의 여지가 없어진다. '네', '알겠습니다', '열심히 하겠습니다' 같은 복종하는 말 말고는 더 할 말이 없어진다. 대화 자체가 되지 않는다.

아이는 부모가 자기 고민을 해결해줄 수 없다는 걸 안다. 그냥 자기 이야기를 들어줄 사람이 필요하다. 문제 해결에 전혀 도움이 되지 않는 친구들에게 고민을 털어놓는 것도 그러한 심리다. 그런데 부모는 그런 마음은 몰라주고 '라떼는 말이야'로 일관하면 더는 고민을 털어놓지 않는다. 아이가 하는 운동에 대해 전혀 알지 못하고, 아이에게 아무런 도움을 줄 수 없다면 그냥 아이의 편에서 이야기를 들어주면 된다.

스포츠 심리학자 조엘 피시Joel Fish는 "즐겁게 운동하는 아이들의 부모는 말하기보다 듣기를 많이 한다. 그런 부모는 '예', '아니오'로 답해야 하는 단답형 질문보다는 아이들이 자신의 이야기를 하도록 유도하는 개방형 질문을 많이 한다[81]"고 설명한다.

당장 급한 기술적 조언을 해주면서 잘못된 것들을 고쳐주고 싶은 부모의 마음은 충분히 공감한다. "경기에서 이렇게 해야지. 왜 그렇게 하냐?"라며 지적하고 싶은 마음도 안다. 입이 간지러워서 견디지 못하는 사람도 있을 것이다. 운동선수 출신이거나 아이가 하는 운동에 깊이 있게 아는 부모는 더 그렇다.

아이의 잘못된 동작을 고쳐줘서 더 잘할 수 있도록 돕겠다는 의도는 좋다. 그러나 아이에겐 코치가 따로 있다. 코치에게도 나름의 지도방법과 계획이 있을 것이다. 코치의 지도 방식과 계획에 상관없이 아이에게 내 방식을 강요하거나 주입하면 여러 사람에게 혼란을 준다. 내가 LG 트윈스 시절 2군에서 1군으로 복귀한 뒤 감정이 그랬다. 아이에게는 어른들의 생각과 의견을 주입하는 부모보다 늘 자기편에서 말을 들어주고 격려해주는 부모가 더 필요하다. 그런 부모가 더 크고 위대한 힘을 발휘한다.

'야구천재' 스즈키 이치로鈴木一朗는 야구에 대한 신념과 달성 욕구가 강한 선수로 유명하다. 야구에서 무엇인가를 목표로 삼으면 반드시 이루고야 만다. 그가 그렇게 강력한 신념과 달성 욕구를 갖게 된 데는 아버지 노부유키亘之의 힘이 컸다. 노부유키는 늘 이치로의 곁에서 '이치로, 좋아. 이대로 계속 분발하면 네가 원하는 대로 프로선수가 될 수 있을 거야'라고 응원했다. 실수하더라도 '괜찮으니 스스로 해결해라'라며 자립심을 키웠다.[82]

미국에서 발표된 연구자료에 따르면 달성 욕구는 어릴 적부터 부모와의 관계를 통해 만들어질 가능성이 큰데, 어릴 적에 형성된 욕구일수록 강렬하다. 스포츠 심리학자 로젠과 단드레의 보고서에서도 달성 욕구가 강한 아이일수록 평소 부모로부터 칭찬이나 격려를 받는 일이 많은 것으로 조사되었다.[83]

이종범도 이정후에게 기술적 조언을 거의 하지 않았다고 한다. 현역 시절 야구계를 뒤흔들던 레전드였던 만큼 아이에게 여러 조언을 해주었을 것 같지만, 그렇지는 않았다. 팀에 타격 코치가 따로 있어서 집에서는 아버지로서 위로와 격려만 해주었다는 것이다.

힘들어하는 아이, 언제까지 지켜봐야 할까?

그렇다면 힘들어하는 아이를 언제까지 지켜봐야 할까? 나는 딸 하나만 있어서 아들 가진 부모의 마음은 잘 모른다. 주변 사람들 이야기를 들어보면 부자간에는 사춘기 이후 대화가 급격히 줄어서 어색해진다고 한다. 이정후도 사춘기 이후에는 아버지 이종범과 속마음을 털어놓고 이야기하지 않았다.

이종범은 이정후가 휘문중학교 시절 은퇴했다. 이정후는 아빠가 은퇴하는 모습을 보고 큰 충격을 받았다고 한다. 그때가 야구를 하면서 가장 힘들었던 시기였는데, 이종범은 그 사실을 언론 보도를 통해서 알게 되었다.

여기서 한 가지 문제점을 제기할 수 있다. 자녀와의 대화가 줄고 아이의 고민이 길어지면 상처가 곪아 터질 수 있다는 점이다. 그런 최악의 상황을 예방하기 위해서라도 아이와의 소통이 중요하다. 아이의 고민을 단번에 해결해주지 못하더라도 아이가 어떤 상황인지 알고 있어야 함께 고민하면서 격려라도 할 수 있다. 아이가 어떤 상황이고 무엇이 고민인지 아무것도 모른 채 담을 쌓고 지내면 더 큰 일이 벌어져도 아이는 부모에게 마음을 터놓지 않을 것이다.

사춘기에 접어든 운동선수가 자신을 통제하고 관리하는 데는 한계가 있다. 수많은 유혹과 어려움에 맞부딪히면 중심을 잡지 못하고 좌초 위기에 몰린다. 어린아이들은 좋은 상황이든 좋지 않은 상황이든 현 상황이 영원할 것이라는 생각을 한다. '힘든 시기는 잠깐이니까 조금만 참고 견디자', '언제 타격감이 나빠질지 모르니 안 좋을 때를 대비해야지' 처럼 자제력 있고 침착한 상황 판단을 하지 못한다.

어린 선수들의 재능을 지켜주고 보호하는 건 어른들의 몫이다. 문제 해결은 스스로 하되 바르고 안전한 길로 나아갈 수 있도록 인도해주어야 한다. 어른들이 진정으로 중요한 일을 하지 않고 엉뚱하게 아이들의 기술과 경기력만 타박한다면 유망주들의 미래를 지켜주지 못한다.

아이가 부모에게 마음을 열지 않는 이유는 의외로 간단하다. '말이 통하지 않는 것'이 첫 번째이고, '도움이 되지 않기 때문에'가 두 번째다. 혼나거나 일이 커질 것 같아서 이야기하지 않는다는 아이도 있다. 부모와 아이가 전혀 다른 곳을 보며 대화하기 때문이다. 부모는 은연중에 아이의 행복보다 대회 성적에 집착하는 모습을 보인다. 그래서 대회 성적이 떨어지면 위로받아야 할 대상인 가족에게 두려움을 느낀다. 성적에 큰 부담을 안고 뛰기 때문에 운동을 즐기지 못한다.

많은 아이가 부모의 무조건적인 사랑을 받는다고 느끼기보다는 승부에 대한 중압감, 경기력 향상에 대한 중압감, 대표팀에 선발되어야만 한다는 중압감, 그리고 부모의 기대를 충족시켜야 한다는 중압감에 고통받고 있다.[84]

결국, 부모는 아이에게 조건 없는 사랑을 베풀고 있지만, 정작 아이들은 사랑받고 있다는 생각이 들지 않는다. 아이를 타박해선 안 된다. 아이가 그것을 느끼기까지는 상당한 시간이 걸린다. 아이들의 이야기에 귀를 기울여야 하는 이유다.

운동선수 내 아이,
진짜 행복할까?

모든 선택 기준은 아이의 행복

아이에게 운동을 시키는 과정에서 잘했다고 생각하는 것 하나가 있다. 아이가 '골프를 해보겠다'라는 말을 할 때까지 인내력을 가지고 기다려주었다는 점이다. 비록 운동 시작이 늦어지면서 다른 프로들처럼 투어는 뛸 수 없게 되었지만, 잃은 것보다 얻은 것이 훨씬 많다고 생각한다.

만약 내가 아이에게 강압적으로 골프를 시키거나 운동 선택 권한을 빼앗았다면 어땠을까? 아이는 일찌감치 엘리트 선수로 활약하면서 투어를 뛰는 선수가 되었을지도 모른다. 좀 더 욕심을 내면 한국 여자골프를 대표하는 선수가 되었을지도 모르는 일이다. 많은 상금을 벌며 여러 사람에게 존경받는 선수가 된 아이의 모습을 상상하면 기쁘지 않을 부모는 아무도 없을 것이다.

운동이란 게 그렇게 호락호락하다면 세상에 좌절하는 선수는 아무도 없다. 잘 될 때가 있으면 그렇지 않을 때도 있다. 잘 될 때는 세상을 다 얻은 것 같다. 그런 우쭐한 기분이 영원할 것이라는 생각도 든다.

그러나 그 자리까지 올라가기 위해서는 온갖 풍파를 다 겪어야 한다. 길고 긴 고통의 시간을 견뎌야 하고, 수많은 실패의 아픔도 이겨내야 한다.

포기해야 할 것도 많다. 평범한 아이들의 평범한 일상도 누리지 못한다. 그렇게 해도 어려운 일이다. 설령 정상에 오르더라도 그곳에 오래 머물러 있지 못한다. 그때부터는 모든 사람의 견제와 도전을 받아야 한다. 매일매일 쫓기는 처지가 되어 압박감에서 벗어나지 못한다.

그런 과정에서 부모와의 갈등은 불을 보듯 뻔한 일이다. 수많은 갈등을 겪으면서 서로에게 깊은 상처를 주기도 한다. 국내 정상급 운동선수들 중에는 부모와의 갈등으로 힘들어하는 사람이 많다. 결별하며 지낸다는 사람도 있다.

아이는 원하지 않는 운동을 하며 부모를 원망할 가능성이 크다. 부모는 어떻게든 훌륭한 선수로 키우겠다며 아이의 권리를 하나씩 침해한다. 그러면서 더 큰 갈등과 충돌이 일어난다. 과연 그것이 아이의 행복을 위한 선택일까.

나는 아이에게 운동을 시키는 과정에서 돈과 명예, 부모의 욕심 따위는 일절 생각하지 않았다. 오로지 아이의 행복만을 바라보았다. 그래서 아이가 속내를 털어놓을 때까지 기다리고 또 기다렸다. 그 결과 아이는 누구보다 골프를 즐긴다. 무엇보다 아빠와 골프 이야기를 하며 자주 소통한다. 이보다 행복한 결말이 있을까? 나는 아이가 어떤 스포츠 스타보다 대견하고 자랑스럽다.

부모와 자식의 갈등은 대부분 부모의 욕심에서 비롯된다. 처음부터 엘리트 선수와 스포츠 스타만을 바라보기 때문이다. 아이가 운동 시작부터 선택 권한을 빼앗기면 좋든 싫든 감정을 숨기며 로봇처럼 운동해야 한다. 불행의 시작이다.

그런 아이들은 대부분 부모에 의지한다. 작은 일이라도 부모에게 의존하거나 부모를 원망한다. 장애물을 만나면 쉽게 포기해버릴 수도 있다. 부모들은 아이의 운동이 자신들의 꿈이기도 하기에 아이의 선택을 존중하지 않을 것이다. 결국, 부모와 아이는 서로 다른 이상을 바라보다 더 큰 갈등을 불러일으킨다. 그렇게까지 해서 꿈을 이루지 못하면 부모는 아이를, 아이는 부모를 원망할 것이다. 행복이라는 밑그림을 그리기가 너무나도 어렵다.

부모는 아이에게 운동을 시키기 전에 반드시 고민해보아야 할 것이 있다. 온전히 아이의 행복만을 위한 선택인지 꼭 한 번은 생각해봐야 한다. 국가대표로서 올림픽에 출전하거나 야구나 축구선수로서 높은 몸값으로 해외 무대에 진출하는 꿈을 꾸지는 않았는가? 만약 그렇다면 그것이 진정으로 아이가 바라는 행복인지, 아니면 부모의 바람인지 진중하게 고민해 보기 바란다.

만약 아이의 행복만을 생각한다면 아이가 승부의 세계로 뛰어드는 것을 쉽게 허락하지는 못할 듯하다. 아이를 승부의 세계에 가두는 순간 세상을 넓게 보지 못하고 승부에 집착하게 된다. 성적에 따라 일희일비하면서 혹독한 스트레스에서 벗어나지 못한다. 성적이 좋지 않으면 여러 사람의 눈치를 보면서 죄책감을 느낀다. 아이와 갈등을 겪으며 멀어진 뒤 꿈을 이룬들 무슨 소용이 있겠나. 얻는 것보다 잃는 것이 훨씬 많다.

아이를 스포츠 스타로 키우려 하는 부모들은 몇 가지 공통점이 있다. 자신의 선택이 아이의 행복만을 위한 것인지 잘 모르겠다는 사람은 다음을 보면서 판단해보기 바란다.

첫째, 조급증이다. 좋은 대학에 들어가 프로선수가 되길 바라기 때문에 늘 조급증에 시달린다. 아이가 또래보다 빨리 성장해서 좋은 성적을 내길 바란다. 하지만 운동 경기력은 하루아침에 좋아지지 않는다.

둘째, 평정심을 잃는다. 성적에 집착하다 보니 평정심을 잃은 행동을 하기 쉽다. 성적이 좋지 않을 때나 플레이가 마음에 들지 않으면 아이에게 큰소리를 내거나 야단을 친다. 성적에 일희일비하면서 아이와 코치를 힘들게 한다.

셋째, 강압적이다. 엘리트 스포츠에 집착하는 사람일수록 강압적일 수밖에 없다. 아이의 선택 권한은 점점 줄어든다. 아이는 부모의 욕심을 채워주는 로봇, 운동하는 로봇으로 전락한다.

반면에 아이의 행복만 바라보는 부모는 조급증이 없고 평정심을 잃지 않으며 강압적이지도 않다.

아이가 운동을 평생 할 수 있는 건 아니다. 운동을 할 수 있는 기간은 짧다.

프로야구 선수 출신 지도자 인현배는 운동선수 아이를 둔 부모들에게 이렇게 조언한다.

"너무 일류만 생각하지 않았으면 한다. 그런 생각이 아이들에게 압박감을 주어 창의력을 빼앗는다. 희망 고문이 될 수도 있다. 아이들이 가진 잠재력은 모두 다르다. 적성과 특성에 맞는 교육을 해야 하는데, 대부분 학부모는 누군가가 하나를 시작하면 따라 하기 바쁘다. 이웃집 아이만 보지 말고 현실과 아이의 미래를 보기 바란다."

공부하지 않는 부모, 무엇이 문제일까?

아이와 불통 대부분은 '공부하지 않는 부모'

운동선수 자녀를 둔 부모의 조급증은 어쩌면 당연한 현상이다. 조급증이 있다고 해서 무조건 나쁜 것으로 몰아갈 순 없다. 천성적으로 부지런한 사람은 무엇이든 서둘러서 해결하고자 하는 마음이 있다. 그런 마음도 열정이 있어야 피어오른다. 부모의 조급증이 때로는 더 나은 결과로 나타나기도 한다.

자신은 아무런 노력도 하지 않으면서 아이나 지도자만 보채는 부모가 문제다. 아이를 운동선수로 키우려면 부모도 선수나 지도자 못지않게 많은 정성과 노력을 쏟아야 한다. 아이에게 도움이 될 만한 정보를 취합하면서 전문가 수준의 지식도 갖춰야 한다.

이종범의 성공을 논하면서 아버지 이계준 씨의 야구 열정을 빼놓을 수 없다. 이종범에게 아버지는 친구이자 매니저 같은 존재였다. 야구 지식에 깊이가 있었을 뿐 아니라 이종범에게 조금이라도 도움이 된다면 허드렛일도 마다하지 않았다. 이종범이 그라운드를 누빌 때 경기장 밖에서 부지런히 움직이면서 뒷바라지했다.

이종범의 대학 진로도 이계준 씨의 안목과 열정으로 결정되었다. 여러 대학을 일일이 돌아보면서 운동 환경이 가장 좋은 학교를 선택한 것이다. 연고대를 비롯해 이종범을 스카우트하려 했던 대학들의 시설을 전부 둘러본 뒤 이종범에게 가장 유리한 학교를 권했다고 한다. 결국, 야구장과 연습시설, 숙소 등이 타 대학보다 월등히 좋았던 건국대가 낙점되었다.

훗날 이종범은 "건국대에 입학해서 국가대표로 빨리 발탁되어 성공할 수 있었다. 아버지 덕이다"[85]라고 털어놓았다.

양준혁의 아버지 양철식 씨는 양준혁의 삼촌(야구 코치 양일환)과 사촌 형에게도 야구를 시킬 만큼 야구를 좋아했다. 양준혁이 프로로 데뷔한 뒤에는 홈경기를 한 경기도 빠지지 않고 직관했다. 양준혁에 따르면 우리나라에서 야구장에 가장 많이 갔다. 야구장만 60년 다녔다. 일명 '야구 도사'다. 양준혁의 은퇴 경기에서는 직접 마운드에 올라 시구를 하기도 했다.[86]

양준혁의 아버지에 대한 신뢰도 대단했다. 사석에서 아버지를 위해 야구를 한다고 말했을 정도다.[87] 양준혁의 야구 인생에서 절대 빼놓을 수 없는 존재였다.

부모도 공부해야 하는 이유는 단지 아이를 좋은 대학이나 프로팀에 보내기 위해서만이 아니다. 부모가 공부하지 않으면 아이와 기본적인 소통도 되지 않는다. 아이는 학년이 올라갈수록 경험과 실력이 쌓인다. 그만큼 보고 배우는 것이 많다. 어지간한 지식과 정보가 아니면 대화가 통하지 않는다. 아이는 계속해서 진보하고 있는데, 부모는 시대와 동떨어져서 눈높이에 맞지 않는 이야기만 하면 아이가 부모를 피하기 시작한다. 얕은 정보와 지식으로 아이를 조련하려 할수록 아이는 부모 곁에서 점점 멀어진다.

결국, 무슨 일이 터져도 부모와 상의하지 않는다. 더 나아가면 부모를 무시하는 행동을 할 수도 있다. 아이에게 '오늘 있었던 일들을 이야기해봐'라고 지시하지 말고, 아이 스스로 대화하고 싶어지도록 노력해야 한다.

운동선수 출신 부모는 아이와의 대화에 더 조심할 필요가 있다. 자신의 짧은 경험과 얕은 식견을 내세워 아이에게 주입한다면 반드시 부작용이 따른다.

나는 두 종목에서 프로가 되어 지도자 길을 걷고 있지만, 막상 아이에게 운동을 가르치려 하니 부족함이 많다는 걸 느꼈다. 내가 가진 정보와 지식이 정체되어 낡은 것은 아닌지 고민한 적도 있었다. 그래서 더 많은 책을 읽으면서 많은 사람과 이야기를 나누며 최신 정보를 취합했다. 아이가 실력이 쌓일수록 더 많은 정보와 지식이 필요했다.

아이가 처음부터 아빠를 잘 따랐던 건 아니다. 골프를 처음 시작했을 때 아빠를 못 미더워하는 눈치였다. 아빠와 딸 사이의 흔한 거리감이었던 것인지, 내 잔소리가 지나쳤던 것인지, 아니면 은연중에 아이에게 내 기대감을 드러냈던 것인지는 잘 모르겠으나 내 지도 방식을 못 미더워하는 딸에게 내 지식과 노하우를 억지로 주입할 수는 없는 일이었다.

그래서 내 주변 다른 골프 지도자에게 아이를 맡기고 기술적인 문제는 간섭하지 않았다. 프로골퍼가 된 지금은 아빠 말만 믿는다. 골프 레슨을 하다가 막히는 일이나 궁금한 점이 생기면 늘 나와 상의한다.

그러니 운동과는 거리가 먼 부모들은 아이의 눈높이에 맞는 지식과 정보를 갖추기가 대단히 어렵다. 각자 생활 터전에서 바쁘게 일하고 있는데, 아이의 운동까지 신경 쓴다는 것은 여간 번거롭고 힘든 일이 아니다. 그래도 운동선수 자녀를 둔 부모라면 어쩔 수 없다. 부모가 노력한 만큼 아이는 더 좋은 환경에서 성장할 수 있다는 걸 명심해야 한다.

부모의 나태함=아이의 나태함

부모는 아이의 거울이다. 부모의 언행에 따라 아이의 생각과 정서와 행동거지가 달라진다. 아이의 미래가 달라질 수도 있다. 콩 심은 데 팥이 나올 수 없듯이 게으르고 나태한 부모 밑에서 자란 아이는 부지런할 수 없다.

어릴 적부터 부모의 게으름과 나태함을 보고 배운 아이는 자신이 게으르고 나태하다는 것도 느끼지 못한다. 당연히 부지런함도 알지 못한다.

반면에 부지런한 부모 밑에서 자란 아이는 부지런한 생활을 당연하게 여긴다. 나태해지면 죄책감을 느끼기 때문에 나태한 생활을 견디지 못한다. 잠시 나태해지더라도 제자리를 찾는 데까지 긴 시간이 걸리지 않는다.

부모가 매일 새로운 것을 공부하고 노력하면 아이도 그 모습을 그대로 따라 배운다. 아무리 멋진 말로 아이에게 훈육해도 아이는 알아듣지 못한다. 위압적으로 '열심히 해라'라고 말하면 하루 이틀 효과가 있을지는 몰라도 아이의 몸에 밴 습관과 정서마저 바꿔놓을 순 없다.

아이가 천성적으로 게으르거나 나태해서가 아니다. 아이는 부모가 강조하는 '열심히'와 '부지런함'을 눈으로 보고 느낀 적이 없기 때문이다. 그래서 운동선수 자녀를 둔 부모는 늘 열심히 뛰고 공부하고 노력하는 모습을 아이에게 보여줘야 한다.

부모가 열심히 사는 모습을 보면 아이는 절대로 나태해질 수 없다. 부모의 부지런함을 보고 느끼면서 언젠가는 '나도 열심히 해야 한다'라는 생각을 스스로 하게 된다. 힘들어도 쉽게 포기할 수 없다. 힘들 때마다 열심히 사시는 부모님을 생각하게 된다. 그러면서 바른 인성과 책임감이 싹튼다.

메이저리그 대표 강타자 애런 저지Aaron James Judge의 성장과 성공 과정을 보면 부모의 자식 교육이 얼마나 중요한지 새삼 느끼게 된다.

저지는 어린 시절 독실한 크리스천인 백인 교사 부부에게 입양되었다. 부모로부터 많은 사랑을 받고 자란 그는 10살 무렵에야 자신과 부모가 닮지 않았다는 점을 이상하게 여겨 부모에게 물어보면서 자신이 입양아라는 사실을 알게 되었다. 그러나 저지는 크게 동요하지 않고 곧게 자랐다. 책임감과 예의를 중시하는 부모의 남다른 가르침과 사랑 속에서 자신의 재능을 키웠다. 저지는 2017년 메이저리그에 데뷔해 최다 홈런 기록을 갈아치웠고, 2022년에는 62 홈런을 치며 홈런왕이 되었다. 무엇보다 바른 인성과 겸손한 언행이 미국 전역을 뜨겁게 달구었다.

아빠와 딸의 대화

우리 사회 소외된 아이들에게 꿈과 희망을

조해연   스포츠루다 설립은 정말 잘하신 것 같아요.

조 현   우리 주변에는 어렵게 운동하는 사람이 의외로 많아. 내가 선수 생활을 하던 때
는 말할 것도 없고, 지금도 최저연봉을 받는 프로야구 선수들은 생활이 녹녹지
않거든. 골프를 시작해서 느낀 거지만, 골프선수 중에도 어려운 환경에서 운동
하는 친구가 많더라. 아빠도 연습생 생활을 하면서 밑바닥을 경험했기 때문에
어려운 사람들의 마음을 누구보다 잘 알지. 다행히 레슨 프로로서 자리를 잡으
면서 오랫동안 마음속으로 품어왔던 일을 실천하게 된 거야.

조해연   오래전부터 계획했던 일이니까 보람도 클 것 같아요.

조 현   스포츠루다에서 하는 모든 일이 보람이지. 취약계층 아이들을 위해 작은 행사
라도 준비하는 과정이나 아이들이 야구방망이를 휘둘러보고 골프채를 만져보
면서 즐거워하는 모습을 볼 때도 그렇고. 그런 아이들을 보면서 흡족해하는 학
부모들 표정을 볼 때가 제일 보람되더라. 요즘은 해연이도 스포츠루다 일을 돕
고 있잖아. 그것도 큰 보람이야.

조해연   앞으로 스포츠루다에서 어떤 일을 하고 싶으세요?

조 현   더 많은 아이에게 후원하는 게 가장 큰 목표지. 어려운 환경에서 운동하는 아이
들이 경제적인 이유로 운동을 포기하는 일이 없도록 해야 하지 않을까? 아직은
부끄러운 수준이지만, 후원 규모를 조금씩 늘려나갈 생각이야. 기회가 온다면

스포츠전문학교를 설립해서 취약계층 아이들에게 참여 기회를 제공하고, 엘리트 선수는 더 전문적이고 체계적인 교육을 받을 수 있는 학교 말이야.

조해연   스포츠전문학교는 체육중 · 고등학교나 체육대학과 무엇이 다른 거죠?

조 현   미국 플로리다에 IMG 아카데미라는 스포츠전문학교가 있어. 골프, 야구, 축구, 농구, 테니스를 중심으로 전문 선수를 육성하는 스포츠 종합 교육 기관이야. 종목별로 연습 환경이 잘 조성이 되어 있고, 긴 역사에 걸맞게 시설과 규모가 대단해. 기본적으로는 학교이지만, 프로선수들도 수용할 수 있는 최고의 시설을 갖추고 있어. 전문적이고 체계적으로 지도하는 전문 코치들이 있어서 종목별로 세분화 트레이닝을 받을 수 있지. 그만큼 효율적인 훈련을 할 수 있어서 학생들 만족도도 높아. 우리나라에도 이런 학교가 하나쯤은 있어야 하지 않을까? 그게 아빠의 꿈이야.

조해연   스포츠루다에서 후원받은 아이들이 이담에 큰일을 했으면 좋겠어요.

4장

이래도 운동선수 할래?

운동선수가 운동을 그만두면 눈앞이 캄캄해진다. 학창 시절 공부를 안 해서 할 수 있는 일이 없다. 기초 지식이 없어서 무엇인가를 시작할 용기도 나지 않는다. 한창 활발하게 일하면서 사회에서 중추적인 역할을 해야 할 나이에 백수가 되어버린다.

바늘구멍
스포츠 스타의 꿈

운동장에서 밀려난 아이는 사회에서도 소외

아이들의 스포츠 조기교육에 관심을 보이는 사람이 많다. 우리나라 부모들의 교육열은 체육계라고 다르지 않다. 운동선수의 학습권 보장 문제를 둘러싸고 갈등을 겪으면서 열기가 주춤할 때도 있었으나 아이들의 스포츠 조기교육은 학부모들에게 여전한 관심사다.

여러 사회적 문제에도 불구하고 아이들의 스포츠 조기교육이 학부모들의 관심사일 수밖에 없는 이유는 몇 가지가 있다.

첫 번째는 운동선수들의 불어난 몸값과 좋아진 운동 환경이다. 프로야구 원년(1982년)의 특급선수 계약금은 2,000만 원, 연봉 2,400만 원에 불과했다. 그러나 40년이 지난 2022년에는 물가 상승률을 고려하더라도 30.68배나 늘었다.[88] 2000년 결성된 선수협의 영향으로 1999년까지 10시즌이던 FA가 2001년 9시즌으로 단축되었고, 최저연봉제도 상향 조정되었다.

해외 진출 스포츠 스타들은 그야말로 돈방석에 앉는다. 추신수는 2020년 텍사스에서 2,100만 달러, 류현진은 2022년 2,000만 달러, 박찬호는 2006년 샌디에이고에서 1,550만 달러를 받았다. 프리미어리거 손흥민은 2021년 7월에 주급 20만 파운드에 2025년까지 재계약했다. 연봉은 약 165억 원이다.[89]

두 번째는 스포츠 스타의 화려함에 초점이 맞춰진 미디어의 영향이다. 미디어 속 스포츠선수는 화려함만 노출된다. 모든 선수가 높은 몸값을 받으면서 화려한 선수 생활을 하는 것처럼 보인다. 소속팀과 에이전시의 세심한 관리 속에서 많은 팬의 사랑과 언론의 스포트라이트를 받으며 여러 사람에게 존경받는 삶을 사는 것 같다.

그러나 스포츠계의 이면은 냉정하고 차갑고 혹독하다. 일부 스타 선수를 제외하면 초라하고 보잘것없다. 국내 최고의 인기 스포츠인 프로야구도 다르지 않다. 선수 연봉이 원년과 비교해 30배 이상 올랐다고 하지만, 최저연봉은 1.36배[90] 오르는 데 그쳤다. 소외된 선수는 엄청난 빈부 격차만 실감할 뿐이다.

대한체육회에 등록된 체육인 28만5,538명(2022년 10월 기준) 중 2020 도쿄올림픽에 출전한 대한민국 국가대표 선수는 238명뿐이다. 이 중 메달을 획득한 선수는 34명이다. 지극히 일부 선수만이 올림픽 무대에 설 수 있고, 그중에서도 지극히 일부만 메달을 목에 건다.

스포츠 스타가 되는 일은 그야말로 바늘구멍이다. 그런데도 학부모들은 아이가 조금만 재능을 보여도 국가대표와 올림픽 메달, 프로팀 입단, 해외 리그 진출을 꿈꾼다. 자신들의 이상을 실현하기 위해 아이를 바늘구멍으로 밀어 넣는다.

세 번째는 스포츠 영웅들의 사회적 이슈화다. 1997년 박세리의 LPGA 투어 메이저대회 US여자오픈 우승으로 대한민국의 골프 붐이 시작되었다. 제2의 박세리를 꿈꾸며 부모님 손을 잡고 골프장으로, 골프연습장으로 향하는 아이들이 줄을 이었다. 박찬호의 메이저리그 성공신화와 박지성의 프리미어리그 진출, 그리고 손흥민의 프리미어리그 득점왕까지, 엄청난 돈과 명예와 이미지의 권력을 거머쥔 스포츠 스타들이 대한민국에 스포츠 열풍을 주도했다.

박세리, 박찬호, 박지성, 손흥민, 김연아 같은 스포츠 스타들은 어린 아이들의 롤 모델이자 우상으로서 아이들의 강력한 동기부여가 된다. 부모들은 내 아이에게 조금이라도 재능이 보이면 그때부터 제2의 박세리와 박찬호, 손흥민을 꿈꾼다.

네 번째는 세계적인 추세다. 미국처럼 스포츠 산업이 발달한 나라는 이미 2000년대 들어서 본격적인 스포츠 조기교육 열풍이 시작되었다. 미국에서는 주마다 2~3세 어린아이에게 스포츠 조기교육을 시키는 기관과 단체가 많다. 비싼 수강료를 내야 하지만, 신청자는 늘 만원이다.

우리나라는 미국처럼 스포츠 저변이 넓지 않지만, 특유의 전염성이 있다. 부모들 사이에서 경쟁 심리가 작용한 것인지 옆집 아이가 축구 아카데미에 다니면 '우리 아이도 뭔가 시켜야 하나?' 하는 불안감이 든다. 아이의 적성과 특성을 고려하지 않은 채 이웃집 아이 따라 하기에 혈안이다.

공교롭게도 부모들의 조바심이 우리나라 스포츠 발전에 어느 정도 이바지한 것은 완전히 부인할 수 없어 보인다. 박세리의 US여자오픈 '맨발투혼'을 보며 아이에게 골프채를 쥐여준 부모들이 '세리 키즈' 탄생을 이끌었다 해도 과언이 아니다. 2002년 한일 월드컵 4강 신화를 보고 자란 손흥민의 뒤에도 아버지 손웅정 감독이 있었다.

문제는 많은 아이가 엘리트 체육에 뛰어들수록 경쟁은 더 치열해진다는 점이다. 축구로 태극마크를 달려면 14만 명이 넘는 선수와 경쟁해야 한다. 남자 축구의 경우 대한축구협회에 등록된 전문축구선수 25,557명(2022년 4월 기준) 중 26명만이 태극마크를 달 수 있다. 자칫하면 극소수 스포츠 스타 탄생을 위해 평생 들러리만 하다 끝날 수도 있다.

꿈을 이루지 못한 대부분의 선수는 사회에서도 소외될 가능성이 크다. 지도자나 다른 업·직종으로 전환할 수 있다면 다행이지만, 그렇지 못한 대부분 선수는 불안정한 삶에서 벗어나지 못한다. 대회 출전이나 훈련으로 수업을 전폐하고 학업을 멀리할수록 은퇴 후 삶은 더 어둡고 차가워진다.

스포츠 조기교육이 성장기 아이들의 신체에 긍정적이지 못하다는 전문가들의 의견도 만만치 않다. 어린 나이에 일찌감치 엘리트 스포츠에 발을 내디디면 성장기 아이들의 관절과 근육에 치명적인 악영향을 미칠 수 있다는 것이다. 성인이 된 후 젊은 나이에 이미 몸이 망가져서 조기에 은퇴하거나 고질적인 부상에 시달리는 사람도 많다. 어른들이 승부에 집착할수록 아이들의 몸과 마음은 더 혹사당한다.

보스턴 어린이병원의 소아 스포츠클리닉을 설립한 라일 미셸리 박사는 "유아기의 훈련이 신체 능력을 촉진한다는 어떤 증거도 알지 못한다"면서 "오히려 어린 나이에 부상할 가능성이 걱정될 뿐"[91] 이라고 충고한다.

맨하튼 청소년 스포츠 의학 센터의 에릭 스몰 박사는 점점 더 어린 나이 때부터 한 가지 운동만 집중적으로 훈련하는 추세가 문제라고 지적한다. 운동 부상을 치료해 온 그는 지난 10년 사이 혹사로 인한 부상이 급증하고 있음에 주목한다. 10년 전만 해도 이런 혹사 문제로 다친 환자 수는 전체의 10% 수준이었지만, 이제는 75%에 이르고 있다[92]는 것이다.

스포츠 조기교육 비용,
얼마나 들어갈까?

초등학생 야구, 한 달 평균 100만 원 이상

아이의 재능을 찾아주고 싶지 않은 부모는 아무도 없다. 아이가 원한다면 무엇이든 해주고 싶은 것이 부모 마음이다. 없는 재능을 붙여주지는 못하겠지만, 아이에게 있는 작은 재능이라도 썩히지 않고 제대로 발굴해서 키워주고 싶다.

그러나 그마저도 뜻대로 되지 않는 게 현실이다. 아이에게 스포츠 재능이 있고, 아이가 운동하기를 원해도 고민만 할 뿐 선뜻 운동을 시키지 못하는 부모도 있다. 만만치 않은 비용이라는 현실적 장벽에 직면하기 때문이다.

재정적 뒷바라지가 어려워서 반대 아닌 반대를 하는 부모도 없지 않다. 요즘은 운동하는 데도 많은 돈이 필요하다. 맨손으로 운동장에 뛰어나가 맨몸으로 부딪히면서 배우는 운동은 없다. 어떤 운동이든 좋은 환경에서, 좋은 코치에게, 좋은 장비를 사용하면서 체계적인 지도를 받는다.

아이에게 운동을 시키는 순간 많은 돈이 새어나간다. 평범하게 공부만 하는 아이보다 훨씬 많은 돈이 필요하다. 비용은 종목마다 달라서 육상 필드 종목과 마라톤처럼 개인 장비가 거의 없거나 비용적 부담이 적은 종목은 한 달 평균 30만 원이면 운동할 수 있지만, 골프, 승마, 피겨 스케이팅 같은 종목은 한 달 평균 300만 원 이상의 돈이 든다.

가장 많은 돈이 드는 운동은 단연 골프다. 그래서 골프를 '귀족 스포츠'라고 부른다. 골프가 대중화되었다고는 하나 아직도 하고 싶어도 못 하는 사람이 많다. 대수롭지 않게 여겨서 아이에게 선뜻 골프를 시켰다가 경제적 어려움을 겪는 경우를 많이 봤다. 빚을 지면서도 포기하지 못하는 사람도 있다.

골프는 개인 운동이기 때문에 선수가 되려면 대부분 골프아카데미에 들어간다. 학교에 골프부가 있어도 아이마다 연습하는 장소와 지도자가 다르다.

비용은 어디에서 누구에게 어떻게 배우냐에 따라서 크게 달라진다. 보통 골프연습장 이용료로 월 30만~50만 원이 나간다. 레슨비는 대략 100만~150만 원이 든다. 골프장에서 라운드하면서 받는 필드 레슨 비용은 회당 30만 원(한 달 4회 이상), 대회 참가비용 월 40만 원가량이 필요하다. 겨울에는 전지훈련비로 월 350만 원(미국 기준) 정도가 든다.

골프를 처음 시작하면 더 많은 돈이 필요하다. 골프채와 용품을 장만하는 데 약 300만~500만 원이 든다. 매일 입는 골프웨어도 몇 벌만 장만해도 수백만 원이 새어나간다. 그밖에 교통비와 식비 등으로 나가는 돈도 만만치 않다. 결국, 아이 한 명에게 골프를 시키기 위해서는 달마다 300만~400만 원은 각오해야 한다. 프로골퍼가 되려면 5년 이상은 해야 한다. 그동안 모든 뒷바라지는 부모의 몫이다.

[표 4-1] **아마추어 골퍼와 야구선수의 지출 비교**

골프	
지출내역	비용 (원)
골프연습장 이용료	월 30만~50만
레슨비	100만~150만
필드 레슨 비용	회당 30만 (한 달 4회 이상)
대회 참가비	월 40만
전지훈련비	월 350만 (미국 기준)
골프채와 용품	약 300만~500만
월평균	300만~400만 이상

야구 (초등학생)	
지출내역	비용 (원)
회비 (지도자 급여)	60만~80만
식대	20만
예비비 (잡비)	20만
장비	글러브 25만~40만
	알루미늄 배트 25만~40만
	스파이크 12만~15만
월평균	100만 이상

야구 (중학생)	
지출내역	비용 (원)
회비 (지도자 급여)	80만~100만
식대	30만
예비비 (잡비)	20만~30만
장비	글러브 40만~70만
	알루미늄 배트 40만~50만
	스파이크 15만~20만
월평균	130만 이상

야구 (고등학생)	
지출내역	비용 (원)
회비 (지도자 급여)	100만~120만
식대	30만~40만
예비비 (잡비)	30만~50만
장비	글러브 70만~80만
	나무 배트 15만~25만
	스파이크 15만~20만
월평균	160만 이상

　　레슨과 동계 전지훈련은 선택사항이다. 안 받아도 된다. 그러나 레슨과 동계훈련을 포기하면 가까운 길을 놔두고 먼 길로 돌아가야 한다. 아이 스스로 시행착오를 겪으면서 이겨내야 한다. 이런 경우 부모의 역할이 중요하지만, 골프를 잘 모르거나 어설프게 알고 아이에게 가르치면 역효과가 난다. 그래서 울며 겨자 먹기로 레슨과 동계훈련을 참가시키는 부모가 많다.

야구는 골프보다 덜하지만, 결코 만만한 비용이 아니다. 리틀야구는 월 회비로 50만 원가량을 낸다. 운영비는 평균 12만~13만 원이 나간다. 레슨비는 평균 70만~80만 원 수준인데, 대부분 주 2~3회 받는다. 결국, 아이에게 야구를 시키려면 한 달 평균 100만 원은 써야 한다. 야구를 처음 시작하면 유니폼과 장비를 마련하는 데 200만 원가량이 든다. 그밖에도 들어가는 비용 많다.

몸이라도 다치면 병원비로 상당한 돈이 깨진다. 야구는 골프보다 부상이 훨씬 많다. 슬라이딩을 잘못해서 어깨나 손가락이 골절되는 사고는 빈번하다. 공에 맞아 다치는 일도 허다하다. 웬만한 야구선수는 중고등학교 때 수술대 한두 번은 올라갈 각오를 해야 한다.

가난한 집 아이의 골프선수 도전?

운동은 하고 싶은데 경제적인 여유가 없어서 못 하는 아이가 의외로 많다. 재능이 있는 아이가 가정 형편 때문에 운동하지 못하는 모습을 보면서 늘 안타깝게 생각하고 있었다. 그들은 평범한 아이들이 받는 사회적 혜택을 대부분 누리지 못한다. 어린이들의 정신적, 신체적 성장·발달에 중요한 스포츠 활동도 제대로 참여하지 못한다.

내가 스포츠루다를 설립한 이유가 이 때문이다. 내 주변에는 어렵게 운동하는 친구가 많았다. 조금만 도움을 주면 크게 성장할 것 같은 선수도 많이 보았다.

나에게도 물질적 도움이 절실할 때가 있었다. 골프 연습생으로 일하던 시절에는 수입이 전혀 없었기 때문에 내 운동은 물론이고 가장으로서 가족의 생계도 책임질 수 없는 처지였다. 그렇게 밑바닥에서 운동하면서 '나중에 성공하더라도 어려운 이웃을 돌보자'라는 생각을 더 강하게 하게 되었다. 특히 사회적·경제적으로 어려운 아이들이 기본적인 스포츠 활동이라도 참여할 수 있도록 기회를 마련해주자는 생각이었다.

스포츠루다에서는 가정 형편이 어려운 어린 운동선수들에게 스포츠 대회 관람과 체험 활동을 지원하면서 우수 인재를 발굴·육성하고 있다. 골프, 야구용품을 후원하거나 대회를 열어주기도 한다.

학부모들 반응은 아주 긍정적이다. 아이들보다 학부모들이 더 좋아한다. 짧은 시간이나마 아이들이 원하는 것들을 해줄 수 있기 때문이다. 내게 감사의 인사를 하거나 손편지를 보내주는 학부모도 있었다. 대단한 일을 한 것도 아닌데, 좋은 평가를 받아 뿌듯하기도 하지만, 한편으로는 부끄러운 마음이다. 아직 부족한 점이 많다. 더 많은 아이에게 기회를 주고 싶지만, 그러지 못하는 것이 안타까울 뿐이다.

스포츠루다에서 행사가 있을 땐 딸 아이가 자발적으로 나서서 아빠의 일을 돕고 있다. 아무런 조건 없이 아이들에게 골프를 가르쳐주면서 더불어 사는 행복을 알아가고 있다. 스포츠루다를 설립한 아빠의 마음을 이해한 것인지 작은 힘이라도 보태려 하는 아이의 마음이 고맙고 대견스럽다.

그런데 스포츠루다를 모두가 고운 눈으로 바라보는 것은 아니다. 가정 형편이 어려운 아이들에게 골프 가르치는 것을 못마땅하게 여기는 사람도 있다. 아이들에게 상처만 줄 수 있다는 이유에서다. 골프를 알아도 경제적인 여건상 선택이 어려우니 골프가 아닌 다른 것을 가르치는 게 좋지 않겠냐는 의미일 것이다.

그들의 진심 어린 충고와 조언은 감사하게 받고 있다. 늘 가슴속에 새기면서 아이들을 가르치고 있다. 그런 아이들의 마음을 모르고 시작한 일이 아니다.

나는 부잣집 아이들이든 가난한 집 아이들이든 골프를 알고 선택할 권리가 있다고 생각한다. 골프를 하냐 안 하냐는 아이들의 선택이다. 내 역할은 아이들에게 골프라는 운동을 알리고 다른 아이들처럼 선택할 기회를 주는 것이다.

한국을 대표하는 골프선수들이 모두 부유한 집에서 자라지는 않았다. 가정의 도움을 일절 받지 않고 연습생이나 캐디, 마샬(골프장에서 경기 진행을 돕는 요원)로 어렵게 일하면서 세계적인 선수가 된 예도 있다. 지금도 KPGA 코리안투어에서는 연습생 출신 우승자가 나온다.

가난한 집 아이라고 해서 골프를 모르고 살아야 할 이유가 없다. 그들도 똑같이 배우고 경험하면서 미래를 선택할 수 있어야 평등한 사회다. 스포츠루다는 그런 취지에서 설립이 되었다. 소외된 아이들에게 작은 힘이라도 되어주고 싶은 마음에 나와 뜻을 함께하는 여러 사람에게 후원을 받으면서 운영하고 있다. 세상 모든 아이가 소외되지 않고 평등한 사회에서 꿈을 이룰 수 있도록 작은 밑거름이라도 되고 싶다.

노력이 재능을
이긴다?

재능 무시해도 된다던 이영표의 자기모순

유튜브에서 우연히 축구선수 출신의 축구 행정가 이영표 강연을 보게
되었다. '노력이 재능을 이긴다'라는 내용이 인상적이었다. 작고 초라
했던 어린 시절, 피나는 노력으로 불리한 조건을 뛰어넘어 태극마크를
달고 2002년 FIFA 한일 월드컵 4강 신화를 이루며 유럽 무대까지 진출
했던 경험이 그에게 뿌리 깊은 신념을 갖게 한 듯하다. 가슴이 뜨거워지
는 이 강연은 많은 사람에게 공감을 얻었다.

그런데 이영표의 명강연 속에는 커다란 모순이 있다.

"재능은 무시해도 되는 수준이다. 노력이 재능을 이긴다."

중략

"열심히 하면 잘하게 되는데, 잘하면 재능이 생긴 것이다. 잘하게 되
면 즐거워진다."

이영표 강연의 핵심 내용이다. 위 문장에서는 '재능은 무시해도 된다'라고 말하면서까지 노력의 중요성을 강조했는데, 아래 문장에선 '노력을 하면 재능이 생긴다'라는 식으로 말을 풀어가고 있다.

좀 더 쉽게 풀이하면 위 문장은 재능보다 노력이 중요하다는 것을 강조했으나 아래 문장에선 재능을 가지려면 열심히 노력해야 한다는 뜻으로 풀이된다. 결국, 재능이 생겨야 잘할 수 있다는 말이 된다. 재능을 무시해도 된다던 자기주장을 스스로 뒤집어버려서 앞뒤가 맞지 않는다. 자기모순이다.

아마도 이영표는 노력으로 극복하지 못할 것이 없다는 걸 주장하고 싶었을 것이다. 재능은 노력으로 얼마든지 뛰어넘을 수 있으니 재능 탓만 하며 노력하지 않는 사람에게 일축을 날리고 싶었던 것 같다.

그러나 이 논리도 모순이 있다. 이영표의 주장대로라면 1986년 FIFA 멕시코 월드컵부터 2022년 카타르 월드컵까지 10회 연속 본선에 진출한 대한민국 축구 대표팀은 그동안 얼마나 나태했던 것일까? 10차례나 월드컵 본선에 진출했으나 2002년 한일 월드컵 전까지는 단 한 차례도 조별 예선을 통과하지 못했으니 축구 강국 유럽과 중남미 선수들만큼 열심히 노력하지 않았다는 결론을 내릴 수밖에 없다. 재능과 환경을 깡그리 무시한 채 노력과 그에 따른 결과만을 강조하는 이영표의 빈약한 논리에 얼마나 위험한 함정이 숨어 있는지를 보여준다.

"열 방울의 땀을 흘렸는데, 열 한 방울 만큼 성장하거나 발전하는 거 그런 거 없다. 열 방울 만큼 땀을 흘렸는데, 아홉 방울 만큼 발전하는 거 그런 것도 없다. 열 시간을 공부하고 열 시간을 노력하면 정확하게 열 시간 만큼만 발전하게 되어 있다. 그것이 세상의 법칙이다. 콩 심은 데 콩이 나는 것과 같다."

이영표가 강연 서두에서 한 말이다. 이 역시 위험한 논리다. 얼핏 들으면 백번 옳은 말 같다. '땀은 거짓말을 하지 않는다'는 말처럼 노력한 만큼 거둬들이는 건 틀림없어 보인다. 이마저도 부정할 사람은 많지 않을 것 같다.

문제는 사람마다 재능과 환경, 성장·발달 속도가 모두 다르다는 점이다. 똑같은 환경에서 똑같이 가르쳐도 빨리 습득하면서 앞서나가는 아이가 있는 반면에 유난히 습득력이 떨어져서 뒤처지고 낙오하는 아이도 있다. 초등학교 입학도 전에 재능을 보이는 아이가 있고, 고등학교 2~3학년이 되어서야 뒤늦게 재능을 드러내는 아이도 있다. 모든 사람이 열 방울의 땀을 흘리면 똑같이 열 방울의 땀만큼 발전한다는 주장에 동감할 수 없는 이유다. 신장이 160㎝인 사람과 190㎝인 사람이 똑같이 열 보를 걸었을 때 같은 위치에 있을 수 없는 것과 같다.

연습 환경과 방법도 노력만큼이나 중요하다. 좋지 않은 환경에서 잘못된 방법으로 무작정 연습만 많이 하면 노동이 된다. 효율성은 떨어지고 아까운 시간과 체력만 낭비한다. 특히 정교한 터치를 요구하는 골프는 잘못된 스윙으로 오랫동안 연습하면 몸과 스윙이 모두 망가질 가능성도 있다. 목적지까지 짧은 시간에 덜 고생하면서 갈 수 있는 길이 있다면 그곳으로 인도하는 것이 좋은 지도자다. 그러기 위해서는 낡은 것을 버리고 계속해서 새로운 것을 받아들여서 더 체계적이고 과학적인 훈련을 제시해야 한다. '성공에는 지름길이 없다'라면서 극한의 노력과 인내심만 강요하면 성인이 되기 전에 몸이 먼저 망가진다.

재능 없는 아이, 언제까지 지켜봐야 할까?

이영표의 주장을 모조리 부정하는 건 아니다. '노력으로 재능을 만들 수 있다'라는 말에는 전적으로 동감한다. 재능이라고 해서 타고나는 것만 있는 것이 아니라 만들어지는 재능도 있기 때문이다.

여기서 오해해선 안 될 것이 있다. 노력으로 재능을 만드는 과정은 길고 험난한 여정이다. 없던 재능이 하루아침에 뚝딱 하고 나타나지 않는다. 1~2년 노력해서 될 일도 아니다. 10년 이상 꾸준히 노력한 뒤에야 어렵게 재능을 발견하는 사람도 있다.

성장·발달이 늦은 아이는 운동을 처음 시작했을 때는 물론이고 운동하는 과정에서도 재능을 발견하기가 어렵다. 하지만 중간에 포기하지 않고 성실하게 꾸준히 체계적인 지도를 받으면서 노력하다 보면 어느 순간엔가 가파른 성장세를 보이기도 한다. 거기에 신장이나 몸집까지 커지면 미숙했던 기술에 완성도도 생긴다.

운동원리를 알아가면서 실력이 느는 아이들도 있다. 처음엔 시키는 대로 운동만 하면서 운동에 흥미를 느끼지 못하다가 운동원리를 깨우치고 일취월장하는 경우다.

모든 아이에게 똑같은 재능이 있다고 볼 수는 없다. 10년 이상 운동을 해도 끝내 재능을 발견하지 못하고 운동을 그만두는 아이도 많다.

2019년에 SK 와이번스에서 11승을 올린 문승원은 최고 구속으로 150㎞/h까지 던졌다. 그러나 배명고 시절에는 134㎞/h 밖에 나오지 않아서 큰 약점이었다. 그가 빠른 볼을 던지기 시작한 건 고려대에 입학하면서다. 약점을 보완하기 위해 번외로 웨이트트레이닝을 하면서 몸이 좋아졌고 구속도 빨라졌다.

흔히 프로야구 선수들은 어릴 적부터 야구천재 소리를 듣던 사람들이라고 생각하는데, 결코, 그렇지는 않다. 한두 가지 이상의 핸디캡은 누구나 가지고 있다. 그것을 극복하는 사람만이 꿈을 이룬다.

운동과 학습의
불편한 동행

운동선수 학습권 보장, 약일까? 독일까?

　운동선수라도 학업을 소홀히 해서는 안 된다. 과거엔 공부에 자신이 없거나 성적이 좋지 않은 아이들이 운동선수의 길을 택했다. '공부가 안되니 운동에 인생을 걸어본다'라는 식이었다. 성공한 스포츠 스타 중에도 '공부에 소질이 없어서 일찌감치 운동을 시작했다'라며 솔직하게 털어놓는 사람이 많다.

　그러나 '공부가 안되면 운동'이라는 말은 이제 옛말이다. 운동선수도 일반 학생 못지않게 치열하게 공부하지 않으면 경쟁에서 밀린다. 운동 외 시간은 휴식을 취하면서 짬짬이 책을 읽거나 공부하는 습관을 들여야 한다.

　'운동만으로도 견디기 어려울 만큼 힘든데 어떻게 공부까지 하란 말인가요'라며 하소연할 사람이 많다는 걸 잘 안다. 나도 그랬다. 어린 나이에 야구를 시작해 사실상 공부와는 담을 쌓고 살았다. 학업에 손을 놓으니 공부를 다시 하기는 끔찍하게 싫었다. 그래서 야구에 모든 것을 걸고 운동에만 전념했다. 그것이 목숨을 건 외줄 타기라는 걸 모른 채 말이다.

운명의 장난일까. 난 야구를 그만두고 골프를 시작했지만, 지도자의 길을 택하면서 끔찍하게 여겼던 공부를 다시 시작할 수밖에 없었다. 대학원까지 다니면서 논문을 쓰게 될 것이라고 누가 생각이나 했겠나.

우리 사회는 빠르게 변화하고 있다. 체육계는 운동선수도 학업을 병행해야 한다는 쪽으로 기울어가고 있다. 2020년 철인 3종 최숙현 선수가 감독과 동료선수의 가혹 행위로 극단적인 선택을 하면서 운동선수의 학업 병행이 더 강조되고 있다.

정부에선 운동선수 인권 보호 강화 방안을 새롭게 발표했다. 2019년 이전에는 63~64일이던 학생선수의 대회·훈련 참가로 인한 결석 허용 일수를 매년 단계적으로 줄여 2024년에는 대회나 훈련으로 인한 결석 허용 일수를 완전히 없앤다는 방침이다. 경기대회는 주말에 개최하도록 유도하는 내용도 담겼다. 또 경기대회 입상 실적을 중심으로 하던 체육특기자 선발 방식을 개선해 교과 성적과 출결 등 학교생활을 균형 있게 평가할 수 있도록 학생부 반영비율을 높이겠다는 계획이다.

이보다 앞선 2011년에는 일정 수준의 최저학력 기준에 미달하는 초·중·고등학교 운동선수들은 각종 대회 출전에 제약을 받는 '학생선수 학습권 보장 방안'이 마련되기도 했다. 최저학력 기준을 설정해 이에 미달하는 운동선수는 국가나 지방자치단체, 체육 단체 등에서 개최하는 경기대회 출전을 금지한다는 것이다. 결국, 공부를 못하면 운동도 못 한다.

운동선수 학습권 보장에 대한 체육계 반응은 제각각이다. 다수의 선수와 학부모, 지도자들은 노골적으로 불만을 드러내고 있다. '운동선수들에게 공부를 시켜서 당장 달라진 것이 무엇이냐?'부터 '일반 학생 중에도 공부하지 않는 아이가 많은데, 왜 운동부 학생들한테만 학업을 강요하는 것이냐?', '선수들 경기력이 떨어지면 어떻게 할 것이냐?'라면서 날 선 불만과 비판을 늘어놓는다.

경기대학교 배구팀 신경수 감독은 "선수들에게 더 자율적인 선택을 하도록 해야 한다. 배구 선수로 성공하려는 선수에게는 운동할 수 있는 충분한 시간과 기회를 주어야 한다. 억지로 공부를 시키려 하다 보면 선수로서 훈련할 시간도 갖기 어려우며 배구 실력도 늘지 않는다. 양쪽 모두에서 성과를 거둘 수 없게 된다[93]"고 강조한다.

그에 반해 일부 지도자와 학자들은 운동선수 학습권 보장은 타협의 여지가 없다고 주장한다. 훈련 시간을 늘리는 것보다 짧은 시간에 어떻게 하면 효율적인 운동을 할 수 있을지를 고민해야 하는 시대가 왔다는 것이다.

하형주 교수는 "운동에 100% 자신을 바치면 나이 들어 체력이 떨어졌을 때 어떻게 할 텐가. 은퇴한 후 갈팡질팡하는 선수들을 많이 봤다. 승부와 성적에만 지나치게 몰입하는 선수들을 보면서 안타까운 마음과 답답한 생각이 들었다. 내가 운동할 때도 그랬고, 요즘 젊은 선수들 일부를 봐도 그렇다"라며 운동선수 학습권에 대한 단호한 태도를 보인다.

어느 쪽이 옳고 그른 문제가 아니다. 운동부 학생들에게 강압적으로 지시한다고 해서 해결될 문제도 아니다. 선진국 사례를 찾아보면서 우리 실정에 맞는 학습 방법을 도입해야 한다.

매일 고된 운동을 하면서 공부까지 한다는 게 얼마나 힘든 일인지 해보지 않은 사람은 모른다. 무엇보다 운동부 아이들과 학부모들은 대회에 나가서 좋은 성적을 올려야 대학에 진학할 수 있다는 생각이다. 운동부 아이들에게 대회 성적은 수능 성적이나 마찬가지다. 안되는 공부를 한답시고 책을 붙들고 앉아 있어 봐야 학업 성적은 쉽게 오르지 않는다. 몸은 책상에 있지만, 마음은 운동장에 있으니 공부가 잘 될 리 없다. 연습량이 떨어지면 과거처럼 슈퍼스타도 나오지 않을 것이라는 비판도 제기되고 있다.

그러나 운동부 아이들의 학습 병행은 1~2년 했다고 해서 눈에 띄는 효과가 나타나는 것이 아니다. 그에 따른 실적을 확인할 방법도 없다. 운동선수 생활을 10년 한다면 10년 동안 꾸준히 공부와 병행해야 은퇴 후 제2의 인생을 편안하게 열 수 있다. 즉, 장기적인 안목에서 인내심을 가지고 실천해야 운동선수들의 사회적 문제를 줄일 수 있다.

운동선수는 왜 공부해야 할까?

여기서 냉철하게 따져봐야 할 것이 있다. 운동선수 학습권에 불만을 품기 전에 운동선수는 왜 공부해야 하는지 생각해보자.

첫째, 운동선수이기 전에 학생이기 때문이다.

운동선수라고 해서 기계처럼 운동만 해선 안 된다. 모든 학교 운동부 선수는 운동선수이기 전에 학생이란 사실을 잊어선 안 된다. 운동보다 학업이 우선되어야 한다는 뜻이다.

학교 운동부 선수가 운동에 매몰되어 공부를 팽개친다면 어떻게 될까. 운동에 모든 것을 걸어야 하기에 운동부라는 조직에 복종할 수밖에 없다. 코치나 선배가 시키면 불합리하더라도 반항하지 못한다. 주인에게 복종하는 로봇처럼 운동만 한다. 창의력도, 생각하는 방법도 잃어버린다. 기계처럼 아무 생각 없이 반복해서 훈련만 한다. 운동을 그만둔 뒤에는 할 줄 아는 것이 없어 방황하게 된다. 운동선수들의 사회적 문제가 끊이지 않는 이유다.

어린 운동선수들에게 학습은 더 중요하다. 운동의 원리를 알아가면 더 빠르게 성장할 수 있기 때문이다. 아이들에게 운동원리나 이론을 설명하지 않고 지시만 하면 성장·발달 속도가 더딜 수밖에 없다. 운동신경이 떨어져서가 아니라 몰라서 못 한다. 시키는 것 외엔 스스로 할 줄 아는 것이 없다.

둘째, 운동을 효율적으로 하는 방법을 알게 된다.

이론을 알면 연습도 효율적으로 한다. 연습을 효율적으로 하는 아이는 훈련에 덜 지친다. 목적지까지 빠르게 가는 길을 찾아낸다. 이론을 모른 채 코치가 시키는 대로만 운동하는 아이는 슬럼프에 취약하다. 더 많은 시간을 낭비하면서 더 많은 고통을 받게 된다.

원리를 알면 매일 하는 운동도 덜 힘들다. 시키지 않아도 스스로 알아서 운동하게 된다. 운동원리를 모르면 왜 해야 하는지도 모르는 운동을 기계처럼 반복한다. 당연히 의욕이 떨어지고 빨리 지친다. 노동과 다를 게 없다.

셋째, 운동선수 생활을 오래 하기 어렵다.

운동선수도 공부를 소홀히 해서는 안 되는 가장 중요한 이유다. 2021년 12월 통계청에서 발표한 우리나라의 기대수명은 83.5세다. 거기에 비하면 운동선수로 활동할 수 있는 기간은 길지 않다. 초등학교 저학년 때 시작해 프로팀에 들어가 장수를 해도 30년을 넘기기가 어렵다. 나머지 세월은 다른 일을 해야 한다. 프로 구단에 들어가지 못하는 대다수 선수나 체조, 피겨스케이팅처럼 선수 수명이 짧은 종목 선수는 길어야 10년 남짓이다.

운동선수가 운동을 그만두면 눈앞이 캄캄해진다. 학창 시절 공부를 안 해서 할 수 있는 일이 없다. 기초 지식이 없어서 무엇인가를 시작할 용기도 나지 않는다. 한창 활발하게 일하면서 사회에서 중추적인 역할을 해야 할 나이에 백수가 되어버린다. 심한 경우 우울증까지 경험한다. 왕년 스포츠 스타나 올림픽 메달리스트도 똑같은 기분이라고 한다.

나는 27세에 짧은 프로야구 선수 생활을 접고 사회에 나가 다른 일을 시작했다. 어릴 적부터 야구만 알던 나는 운동에만 몰입하는 것이 옳은 길이라고 생각했다. 다른 길은 생각하지 않았다. 내가 짧은 선수 생활을 그렇게 허무하게 마칠 것이라고는 상상도 하지 못했다. 야구를 못하게 될 것을 대비해서 공부할 생각도 하지 않았다.

야구장 밖 세상에 나가 보니 눈앞이 캄캄했다. 야구를 그만두면서 성공한 프로야구 선수보다 더 성공하고 싶었지만, 무엇을 해야 할지 몰랐다. 공부를 다시 시작할 자신은 없었다. 그래서 내 건강한 몸과 운동신경을 살려서 다시 운동을 시작할 수밖에 없었다. 골프를 시작한 건 결과적으로 잘한 선택이었으나 프로골프 테스트에 합격해서 지도자로서 자리를 잡기까지 수입이 한 푼도 없었기 때문에 힘들고 괴로운 시간을 보냈다.

나뿐만 아니라 나와 함께 운동했던 다수의 동료도 비슷한 경험을 한다. 앞으로 어린 선수들은 나와 같은 시련과 시행착오를 겪지 않기를 간절히 바라는 마음이다. 그런 불필요한 시련을 피해가기 위해서는 공부밖에 없다. 운동을 그만두고 늦은 나이에 공부를 다시 시작하면 능률이 오르지 않을 뿐 아니라 먼 길로 돌아간다. 정신적·시간적으로 엄청난 손해다.

2005년 개봉한 영화 〈코치 카터〉는 캘리포니아주 리치먼드 고등학교 농구팀을 전성기로 이끈 코치 켄 카터Ken Carte의 리더십과 혜안이 인상적으로 그려졌다. 그는 농구부 학생들에게 운동과 학업 병행을 강조했는데, 학생과 학부모의 반발에 부딪히면서 난항을 겪는다. 그러나 켄 카터는 학생들을 설득하고 학업 성적을 끌어올리면서 더 강한 팀으로서 승승장구하게 된다. 농구부 선수들은 훗날 운동을 그만둔 뒤에도 자신들이 원하는 진로를 가게 된다. 영화가 전달하고자 하는 메시지는 분명하다. 선수 생활은 짧고 인생은 길다.

넷째, 세상을 넓게 보기 위해서다.

세상을 넓게 보면 운동부는 아주 작고 하찮은 조직에 불과하다. 운동에 매몰되면 운동이 이 세상 전부처럼 느껴지지만, 은퇴 후 운동부만 벗어나도 한 번도 경험해 보지 못한 세상이 펼쳐진다. 운동선수가 아니라도 운동과 관련한 멋진 일이 많다. 그것을 뒤늦게 깨달아도 기본적인 학식이 갖춰지지 않으면 전부 그림의 떡이다.

더 넓은 세상으로 나아가기 위해 외국어는 필수다. 현역 운동선수라도 외국어는 짬짬이 공부해야 한다. 예를 들어 해외 진출 시 그 나라 말을 못 한다고 생각해보자. 기본적인 의사나 감정조차 스스로 표현하지 못하고 통역에 의존하면 대인관계에 금이 간다. 동료선수들에게 다가가고 싶어도 다가갈 수 없다. 나만 소외되는 기분을 느낀다. 심리적으로 위축되면 경기력도 떨어진다.

KLPGA 투어 상금왕 출신 김하늘은 일본 진출 첫해 일본어와 대인관계가 가장 어려웠다고 털어놓았다. 대부분 일본인은 개인주의 성향이 강하고 경계심이 많아서 처음 보는 사람과 쉽게 친해지지 못한다. 게다가 김하늘은 일본 데뷔 초기 일본어를 전혀 못해서 크고 작은 오해도 많았다고 한다. 티샷 후 티잉그라운드에서 내려갈 때 동반 플레이어 두 명이 깔깔대며 웃는 모습을 보면서 자기 험담을 하는 것으로 오해해[94] 한동안 힘든 시간을 보내기도 했다.

경기장에서 영원히
볼 수 없는 천재들

부상 · 이전투구 · 인성교육 부재

아마추어 시절 세간의 주목을 받다 먼지처럼 사라진 선수가 많다. 성인 무대에서도 승승장구할 것으로 확신했던 유망주들이 어느 순간부터 모습이 뜸해지더니 아예 스포츠팬들 기억에서 사라지는 안타까운 일이 반복되고 있다. 그런 안타까운 일이 반복되는 원인에는 크게 세 부류가 있다. 부상과 이전투구, 인성교육 부재다.

운동선수들은 무리한 훈련과 대회 참가를 피하기 어렵다. 불이익이 두려워서 아파도 내색조차 하지 않는 선수도 있다. 아픈 몸으로 훈련하고 진통제를 먹으면서 대회에도 나간다. 체계적인 의료 시스템도 구축되지 않았던 과거에는 한 번 몸을 다치면 부상을 키우는 경우가 많았다. 나도 그랬고 내 주변 선후배 선수들도 모두 몸을 혹사하면서 선수 생활을 이어갔다. 잘 던지는 선수는 예선부터 결승까지 계속 던진다. '선수

혹사'가 '부상 투혼'으로 미화되기도 한다.

이렇게 어릴 적부터 몸을 혹사한 대가는 가혹하게 자신에게 돌아온다. 성인 무대에 오르기도 전에 몸이 망가져서 선수 생활을 오래 하기가 어려워진다. 아마추어 시절 펄펄 날던 선수를 성인 무대에서 보기 어려운 이유가 그것이라 해도 과언이 아니다. 프로에 데뷔하더라도 1~2년 반짝하고 사라진다.

1992년 바르셀로나 올림픽 축구 아시아 최종 예선전 일본과의 경기에서 결승 골을 터트린 뒤 경기장 트랙을 따라 돌며 환호하던 김병수의 모습이 아른거린다. 김병수는 천재적인 감각을 타고났지만, 프로에서 제 기능을 발휘하지 못한 대표적인 선수다.

강원도 홍천초등학교에서 축구를 시작한 김병수는 일찌감치 두각을 나타내며 주목받았다. 서울 미동초등학교로 전학 후 경신중 · 고등학교를 거치면서 차원이 다른 플레이를 선보였다. 한때 '한국축구의 미래'로 평가받았다. 경기를 읽는 눈과 슈팅 감각, 감각적인 패스, 개인기, 스피드 등 어느 것 하나 부족한 것이 없어서 고교 시절부터 프로선수들과 어깨를 견주었다.

1992년 바로셀로나 올림픽 대한민국 축구 국가대표 총감독이던 데트마르 크라머Dettmar Cramer는 "내가 태어나서 처음으로 만난 축구천재"라며 극찬을 아끼지 않았다.[95]

그러나 고교 2학년 때 당한 부상이 그의 축구 인생 발목을 잡았다. 부상에도 불구하고 제대로 된 치료를 받지 못했고, 무리하게 연습과 대회 출전을 강행하면서 부상을 키웠다. 눈앞의 승리에만 집착했던 팀은 몸이 아픈 김병주를 그라운드로 내몰았다. 제26회 U-19 아시아 청소년 축구 선수권 대회에 참가했을 땐 양쪽 발목 인대가 1인치가량 늘어나 있었다.[96] 이후 해외에서 성인 무대에 데뷔했지만, 전성기의 눈부신 기량은 찾아볼 수 없었다. 뚜렷한 활약 없이 조용히 선수 생활을 접었다.

대한민국 축구사에서 빼놓을 수 없는 천재 스트라이커는 김종부다. 1983년 멕시코 청소년 월드컵 4강 신화 주역으로서 기억하는 축구팬이 많다. 그러나 프로팀과의 계약 과정에서 이전투구 하는 모습을 보이면서 스스로 선수 수명을 갈아먹었다.

김종부가 처음으로 프로팀과 계약한 건 FIFA 멕시코 월드컵을 앞둔 1986년 봄이었다. 고려대 4학년이던 김종부는 파격적인 조건으로 현대와 계약했으나 한 달도 지나지 않아서 계약을 파기하고 대우행을 선언해 고려대 축구부에서 제명되고 말았다.

1988년 포항에 입단하면서 어렵게 프로로 데뷔했지만, 마음고생 탓인지 이전 기량은 발휘하지 못했다. 이후 대우와 일화를 전전하며 재기를 노렸으나 8년간 81경기를 뛰면서 6골을 기록하는 데 그쳤다.[97]

야구계에서 이전투구로 실패를 맛본 선수는 강혁이다. 야구팬 중에는 야구천재 강혁이라는 이름을 기억하는 사람이 많을 것 같다. 신일중·고등학교를 거쳐 OB 베어스와 계약했다가 한양대로 진로를 바꾸는 바람에 이중계약 파동을 일으켰고, 이 일로 잘 나가던 야구 인생에 커다란 오점을 남긴다.

내가 강혁을 처음 본 건 중학교 재학 시절 시합에 나가서다. 강혁과 나는 동갑이었지만, 우리 또래와는 차원이 다른 스윙을 했다. 깐깐한 내 눈으로 보기에도 야구천재라고 느낀 몇 안 되는 선수 중 한 명이었다. 어린 나이에도 감각이 워낙 뛰어나서 넋을 놓고 바라볼 정도였다.

나뿐만 아니라 주변의 모든 사람이 강혁의 성공에 이견이 없었다. 청소년 대표와 국가대표를 모두 거쳤으니 그의 아마추어 시절은 예정된 성공을 향해 달려가는 전차와 같았다.

강혁이 대학 대신 프로팀을 선택한 것은 의외였다. 당시만 해도 대학을 나온 선수가 높은 몸값을 받았기 때문이다. 김재현이 고졸 선수로서 성공신화를 쓰면서 고교 졸업 선수에 대한 대우가 달라졌다.

고등학교 때까지 운동만 했던 선수들은 프로팀에 가기 전에 대학 생활을 해보고 싶은 마음도 없지 않다. 그래서 강혁의 결정이 의아하면서도 파격적이라는 생각을 했다. 그런데 강혁은 무슨 이유에서인지 마음을 돌려 OB 입단을 취소하고 한양대에 진학하게 된다. 이중계약이었다. 강혁은 이 일로 KBO로부터 영구제명 처분을 받는다.

이후 1998년 방콕 아시안게임 야구 국가대표팀으로서 중심 타선에서 맹활약하며 금메달을 목에 건다. KBO는 그 공로를 인정해 영구제명을 철회, 1999년 두산 베어스에 입단할 수 있었으나 아마추어 때 보여주었던 '천재 타자'의 놀라운 스윙은 어디론가 사라지고 없었다.

충격에 빠진 체육계…누구의 책임인가

2008년 3월. 대한민국 체육계가 충격에 휩싸였다. 기억하기도 싫은 이호성의 '네 모녀 살인사건' 때문이다.

이호성은 해태 타이거즈 시절 팀의 중심타자로서 맹활약하며 KBO 리그 역대 두 번째 20-20클럽(20 홈런·20 도루 이상)에 가입했다. 김봉연의 등 번호(27번)를 물려받을 만큼 기대되는 선수였지만, 이른 나이에 은퇴하면서 나락으로 빠지게 된다.

은퇴 후 예식장 사업에는 성공했으나 사업을 확장하는 과정에서 실패를 맛봤다. 그리고 내연녀와 세 딸을 모두 살해하고 암매장하는 끔찍한 범죄를 저지른 뒤 한강에 투신자살하며 생을 마감했다.

이호성의 잔혹한 살인사건이 잊혀갈 때쯤 또다시 믿을 수 없는 사건이 일어났다. 2013년 6월 처형을 살해한 뒤 사체를 암매장한 사건이 온 국민을 충격에 빠트렸다. 이 잔인한 범죄를 저지른 사람은 프로농구 선수 출신 정상헌이었다.

정상헌은 경복고 시절부터 유망주로 주목받았다. 고려대를 거쳐 프로 데뷔를 준비하는 과정에서는 연세대 출신 동갑내기 방성윤보다 뛰어나다는 평가를 받기도 했다.

그러나 인성이 문제였다. 대학 시절 잦은 무단이탈로 물의를 일으키더니 고려대를 자퇴해버렸다. 2005년에는 한국프로농구^{KBL} 대구 오리온스에 입단했으나 시즌 전 무단이탈로 팀에서 방출되었다. 국군체육부대(상무)를 거쳐 모비스에 입단해 재기를 노렸지만, 이번에는 팀 훈련에 무단 불참하고 선수 생활에 마침표를 찍는다.

은퇴 이후 처가에서 지내면서 여러 사업을 진행했으나 수입은 신통치 않았다. 그러다 쌍둥이 언니인 처형을 살해하는 범죄를 저지르고 만다. 자신을 무시했다는 이유였다.

이 사건으로 운동선수 인성교육이 또다시 도마 위에 올랐다. 선수 개인의 문제보다 체육계에 만연한 폭력적 환경과 인성교육 부재가 더 큰 문제라는 지적이 쏟아졌다. 폭력과 돈으로 길들어진 괴물을 양산하고 있다는 것이다.

김봉연 극동대학교 교수는 "지도자들 책임이 크다. 학생선수들에게 공부할 권리를 줘야 한다. 풍부한 사고를 통해 자신의 미래를 계획하고 사회에 대한 적응과 준비를 하게 해야 한다. 진정한 엘리트 스포츠가 정착되려면 감독뿐만 아니라 선수들을 육성하는 정부의 시각과 태도도 달라져야 한다[98]"고 지적했다.

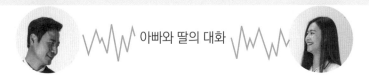

아이들을 가르친다는 것

조해연 아빠 운동할 땐 체벌이 있었다면서요?

조 현 심했지. 그땐 체벌이 싫어서 운동을 그만두는 선수들도 많았어. 운동이 싫어서 야구를 그만두는 게 아니라 맞기 싫어서 야구를 그만둔 거지.

조해연 운동하는 것도 힘든데 체벌이라니…. 정말 운동하기 싫었겠다.

조 현 그땐 그게 당연하다고 생각하는 사람이 많았어. 코치님이 시키면 무조건 따라야 했고, 그렇게 안 하면 큰일 나는 줄 알았어. (웃음) 선배들의 말은 하늘 같아서 맞아도 반항하기가 쉽지 않았지.

조 현 해연이는 언제가 제일 힘들었니?

조해연 아빠가 '나 때는 말이야'라고 말할 때. (웃음) 농담이에요. 공이 안 맞을 때 가가장 힘들었죠. 안 맞을 땐 정말 뭘 해도 안 되니까. '나는 안 되는 아이인가?'라고 자책을 많이 했는데, 아빠가 골프채 놓고 야구 해보라고 했잖아요. 그게 큰 도움이 됐어요. 신기한 게 골프채를 놓고 다시 잡으니까 잘 맞더라고요.

조 현 그래도 골프 티칭프로가 되어서 지도하는 것을 즐기고 있어 다행이야. 프로가 그렇게 쉽게 되는 게 아니거든.

조해연 아빠 운동신경을 물려받은 것도 있겠지만, 어릴 적에 했던 운동들이 도움이 된 것 같아요. 골프는 처음 시작했지만, 운동을 처음 시작한 게 아니라서 일단 자신감이 있었어요. 아빠 말처럼 운동원리는 다 똑같으니까.

조 현　이제 해연이도 골프 지도자가 되었으니 이론 공부를 더 많이 해야 할 거야. 골프는 개인차가 있고 변수가 많아서 일관된 레슨 방식으로는 절대 성공할 수 없어.

조해연　맞아요. 특히 아이들 가르칠 때가 가장 보람되면서 가장 어려워요. 아이들은 다 다르니까. 한 번 가르치면 잘 따라오는 아이도 있고, 그렇지 않은 아이도 있고, 성격도 모두 다르고. 모든 아이를 똑같은 방법으로 가르쳐선 절대 안 되겠더라고요. 공부의 필요성을 절실하게 느껴요.

5장

스포츠 스타 성공학

단국대 진학 후에는 웨이트트레이닝 강도를 높여 근육질
몸으로 변신했다. 단국대 훈련이 선수들 자율에 맡기는 방
식이다 보니 스스로 부족한 것들을 찾아서 집중적으로 연
습할 수 있었는데, 이병규는 그것을 잘 활용했던 것으로
보인다.

체력 약점 극복한
이경필

장점 살리면서 단점 보완한 흔치 않은 성공사례

배명중·고등학교 정문 맞은편에는 야구장이 있다. 야구부 학생들이 훈련하는 전용 구장이다. 정문 앞 왕복 4차선 도로를 건너가면 야구부만을 위한 그라운드가 펼쳐진다. 난 이곳에서 6년간 프로야구 선수 꿈을 키웠다.

야구장 하나를 놓고 중·고등학교가 함께 쓰다 보니 훈련 일정이 틀어지는 일은 부지기수였다. 고등학생이 야구장을 사용하면 중학생은 학교 운동장에서 서킷 트레이닝(점프·버핏 테스트·쪼그려뛰기 따위를 순서대로 실시하는 체력훈련)을 해야 했다. 서로 훈련 일정을 공유하면서 야구장 사용 계획을 세우지만, 훈련이 계획대로 이루어지지는 않았다.

1987년으로 거슬러 올라가 보자. 내가 중학교 1학년 때였다. 서킷 트레이닝을 하는 날이면 유난히 기가 죽어 있던 아이가 있었다. 체력이 약했던 이경필에게 서킷 트레이닝은 악몽과도 같았을 것이다. 또래만큼 체력이 좋지 않아 빨리 지치고 더 힘들어했다. 선착순 러닝에서 꼴찌는 늘 이경필이었다. 체력뿐만 아니라 근력도 떨어졌다. 체력만 놓고 보면 운동선수로서 낙제점이었다.

겨울에 체력훈련을 하거나 장거리 로드워크를 할 때도 마찬가지였다. 시즌 종료 후 12월부터 이듬해 2월까지는 동계훈련 기간이다. 겨울에는 기술보다 체력훈련에 방점을 두기 때문에 이경필처럼 체력이 약한 아이들에게는 곤혹스러운 기간이다.

야구는 팀 운동이어서 개인이 못 해도 단체가 기합받는다. 훈련할 때마다 낙오하는 이경필을 남 일처럼 방관할 수는 없었다. 급기야 동료들 입에서는 좋지 않은 말들이 새어 나왔다.

"쟤 운동 못 할 것 같은데."

"저 체력으로 무슨 운동을 하겠다고."

"고등학교 가더라도 버티기 힘들 거야."

나 역시 비슷한 마음이었으나 내색은 하지 못했다. 늘 힘들어하면서 낙오하던 이경필을 걱정스럽고 불안한 눈으로 바라보는 것 외엔 내가 해줄 수 있는 것이 없었다.

당시 이경필의 속마음이 어땠는지는 알지 못했다. 묻는 사람도 없었고, 이경필도 좀처럼 속내를 드러내지 않았다. 학창 시절 이경필은 그다지 말이 많은 아이는 아니었다. 그래서 은퇴 후 TV 예능 프로그램 〈천하무적 토요일-천하무적 야구단〉과 야구 해설위원으로서 입담을 과시하는 모습을 보며 의외라는 생각이 들기도 했다.

이경필이 힘겨워하던 체력훈련을 어떻게 견뎠는지는 잘 모르겠다. 내 추측이지만, 동계훈련이 싫어서 야구를 계속해야 할지 나름 많은 고민을 하지 않았을까 하는 생각이 든다.

그랬던 이경필이 배명고의 특급 에이스로서 전국대회 3관왕의 주역이 되었다. 김동주와 투톱을 이루며 번갈아 마운드에 올랐다. 그때가 배명고의 황금기였다. 청소년 국가대표로도 활약했고, 두산 베어스에서 프로 데뷔해 11년간 통산 45승을 올렸다.

체력에 치명적인 결점이 있어서 선수 생활 자체가 위태로워 보였던 이경필이 이처럼 뜨거운 활약을 펼칠 수 있었던 비결은 무엇일까?

첫 번째는 약점 극복을 위한 끈질긴 노력이었다. 이경필의 체력이 좋아졌다고 느낀 건 배명고 1학년 때였다. 체력이 좋아졌다고 해도 또래보다 좋은 체력은 아니었다. 워낙 체력이 약했던 터라 낙오하지 않고 버티는 것만으로도 큰 발전이었다. 내 기억으로는 중간 정도의 체력에도 미치지 못했다. 그나마 포기하지 않고 약점을 보완하려는 끈질긴 노력이 있었기에 배명고의 에이스로 발돋움할 수 있었다. 이때 '잘하면 성공할 수도 있겠다'라는 생각이 처음으로 들었다.

두 번째는 야구에 대한 열정이다. 누구보다 야구를 좋아했고, 게임을 즐길 줄 아는 아이였다. 천재적인 재능이 있었는지는 잘 모르겠으나 야구의 원리를 어린 나이에 일찍 깨우쳤던 것 같다. 중학생 어린 나이에도 볼을 자유자재로 컨트롤했다. 그것이 야구를 하는 원동력이자 버거운 체력훈련도 참고 견딜 수 있었던 이유였던 것 같다.

세 번째는 신체 조건이다. 내가 이경필과 함께 야구를 했던 건 배명

중·고등학교에서의 6년이다. 이경필의 야구 인생 전체로 보면 그렇게 길지는 않지만, 그의 야구 발전기에서 중요한 과정을 함께했다.

내가 처음 이경필을 봤을 때는 그렇게 큰 신장이 아니었다. 야구부에서는 평균 신장이었던 것으로 기억한다. 덩치도 표준이었다. 야구로도 두각을 나타내지는 못했다. 중학교 3학년이 되어서야 시합에 나가기 시작했다. 고등학교에 진학해 키가 부쩍 자랐는데, 자라난 키만큼 야구 실력도 좋아졌다. 이경필이 그렇게까지 덩치가 커질 것이라고는 상상하지 못했다.

네 번째는 볼 스피드 향상이다. 중학교까지 이경필의 특기는 제구력이었다. 볼 스피드는 빠르지 않았지만, 제구력이 좋아서 타자들이 치기 까다로운 공을 던졌다. 고등학교에 입학 후 체격이 좋아져 근력도 향상되었다. 그 결과는 구속 향상으로 이어졌다. 고교 3학년에 올라가 140㎞/h를 던졌다. 당시 고교 2~3학년 중에 140㎞/h 이상 던지는 선수는 흔하지 않았다. 제구력 좋은 선수가 스피드까지 장착하면서 단번에 배명고 에이스로 활약하게 되었다.

다섯 번째는 투구 폼 변화다. 이경필은 고교 시절까지 사이드암으로 던졌다. 원래는 스리쿼터로 던지다가 사이드암으로 바꿨고, 한양대학교에 입학 후에는 다시 스리쿼터로 던졌다. 체격이 좋아지고 힘이 붙으면서 사이드암으로 던져야 할 이유가 없었다. 그때 이경필의 구속은 145㎞/h 이상 나왔던 것으로 기억한다.

투수들의 투구 폼은 대개 지도자들의 권유로 바뀐다. 모든 사람의 신체적 특성과 운동능력이 달라서 선수에 맞는 투구 폼을 선택해야 최상의 결과를 얻을 수 있다. 운동 효율을 높이고 부상도 방지하는 차원에서 투구 폼 결정은 대단히 중요한 과정이다.

여섯 번째는 탁월한 유연성이다. 체력은 좋지 않았지만, 남들이 갖지 못한 재주가 있었다. 몸이 또래보다 훨씬 유연했다. 다리를 벌려서 상체를 앞으로 숙이면 배가 땅바닥에 완전히 밀착될 정도였다. 배명고 동기 중에서 이경필보다 유연성이 좋은 선수는 없었다. 다른 학교 선수들의 유연성은 본 적이 없지만, 아마도 이경필 같은 유연성을 가진 아이는 없었을 것 같다. 그의 탁월한 유연성은 부상 방지와 운동 효율을 높이는 데 유리했다. 근육 밸런스를 맞추고 좋은 퍼포먼스를 내는 데도 적지 않은 역할을 했으리라 본다.

또래보다 체력이 좋지 않은 어린 야구선수들은 이경필의 성장 과정과 성공기를 보면서 자신감을 가져도 될 것 같다.

나 역시 이경필의 성장 과정을 보며 느낀 점이 많다. '야구선수는 뭐니 뭐니 해도 체력이 좋아야 한다'라는 편견이 사라졌다. 이경필의 성공을 보기 전까지만 해도 '체력이 안 되면 야구를 그만두어야 한다'라는 극단적인 생각이었다. 그러니 체력훈련 때마다 낙오하던 이경필이 고교 3학년 이후 그렇게까지 눈부시게 발전할 것이라고는 예상할 수가 없었다.

나의 얕은 지식과 경험에 의한 편견이었다. 야구는 체력만으로 잘할 수 있는 운동이 아니다. 장단점은 누구나 있다. 장점만 있는 선수나 단점만 있는 선수는 없다. 장점을 살리고 단점은 보완하거나 극복해서 현실의 벽을 뛰어넘어야 한다.

이경필은 1997년 OB 베어스에 1차 지명되면서 자신의 야구 인생 꽃을 활짝 피웠다. 데뷔 시즌에는 7승 9패 4세이브로 성공적인 한 해를 보냈고, 이듬해는 10승 투수 반열에 올랐다. 그 이듬해는 두산의 에이스로서 13승을 올렸다.

야구에 대한 열정과 끈기가 대단한 아이였다. 장점은 살리고 단점은 보완할 줄 아는 영리한 아이였기에 '저질 체력'이라는 혹평 속에서도 톱 플레이어로 성장한 몇 안 되는 선수가 되었다. 절대로 흔치 않은 성공사례다.

이경필의 성공 노트

체력적 약점 극복한 끈질긴 노력

야구에 대한 열정

타고난 제구력

고교 진학 후 좋아진 몸

볼 스피드 향상

적절한 시기 투구 폼 변화

탁월한 유연성

벤치에서 꿈을 키운
청년 이병규

기회 주는 지도자 만난 노력형 천재

시커먼 얼굴에 키 크고 마른 체형의 동갑내기 선수를 알게 되었다. 빠른 발을 가진 그는 넓은 수비 범위를 자랑하던 이병규였다. 그때가 1992년, 이병규는 장충고 3학년이었다. 왼쪽 타석에 들어서는 걸 보고 관심 있게 지켜보았는데, 인상적인 모습은 발견하지 못했다. 그러나 키 크고 마른 체형의 존재감 없던 청년은 수년 뒤 한국 야구를 대표하는 레전드가 되었다.

고교 시절 이병규의 성공을 예상했던 사람은 거의 없었을 것이다. 1997년 LG 트윈스에 입단한 이병규는 데뷔 첫해부터 눈부신 활약을 펼치며 신인상을 받았고, 타격왕 두 차례(2005 · 2013년), 안타 1위는 세 차례(1999 · 2001 · 2005년)나 차지했다. 통산 타율은 0.311였다. 2,043 안타, 161 홈런, 972 타점, 147 도루가 그가 남긴 기록이다. 무엇보다 구단의 두 번째이자 KBO 리그 13번째 영구결번 선수가 되었다.

이렇듯 엄청난 기록을 남긴 대선수이기에 아마추어 시절부터 날렸을 것이라는 추측을 할 수 있지만, 초·중·고등학교까지는 두각을 나타내지 못했다. 어느 정도 실력은 있었으나 이름을 날릴 만한 실력도 성적도 내지 못했다.

내가 이병규라는 선수를 알게 된 것도 고등학교 3학년 때였으니 야구계에서 그의 존재감이 어느 정도였는지 짐작할 수 있을 것이다. 실제로 시합장에서 이병규의 활약은 눈에 띄지 않았다. 마르고 키가 크다는 것 외에는 뚜렷한 이미지도 없었다. 고등학교 시절까지 청소년 대표로 선발된 적도 없다.

이병규가 야구계에서 이름을 알리기 시작한 건 단국대학교에 진학하면서다. 당시 단국대 야구부는 국가대표 사령탑을 맡고 있던 강문길 감독이 진두지휘하고 있었다.

강문길 감독은 단국대학교 야구부에 자율야구 시스템을 도입한 진보적 성향의 지도자였다. 아마추어팀이었지만, LG 트윈스 같은 프로팀이 추구하던 자율야구를 지향했다. 대부분 훈련을 선수들 자율에 맡겼다.

흥미로운 사실은 당시 단국대에 전용 야구장이 없었다는 점이다. 내가 배명고 재학 시절엔 단국대 야구부 선배들이 우리 학교 야구장을 이용했다. 전용 구장이 없어서 이곳저곳 빈 야구장을 찾아다니며 연습하기도 했다. 그러니 단국대 야구부는 야구를 하고 싶어도 제대로 할 수 없는 분위기였다.

이런 열악한 환경에서도 단국대는 녹록지 않은 실력을 뽐내고 있었다. 많은 연습을 할 수 없었는데도 김홍집, 인현배 같은 국가대표 선수가 많이 배출되었다. 강문길 감독의 카리스마 있는 리더십과 선수의 재능을 꿰뚫어 보던 안목이 있었기에 가능했다. 특히 평범한 선수를 스타로 만드는 능력이 대단했다.

단국대를 거쳐 1994년 LG 트윈스에 입단한 인현배는 강문길 감독을 이렇게 기억했다.

"카리스마가 있었다. 프로야구에 자율야구가 도입되기 전부터 대학 야구부에서 자율적인 훈련을 지향했다. 선수들을 믿고 맡기는 스타일인데, 선수들이 자율적으로 운동할 수 있도록 분위기를 잘 만들어주었다. 무엇보다 선수 발굴을 아주 잘 했다. 어린 선수들의 잠재력을 읽는 눈이 탁월했다. 남다른 야구 지도 철학을 가진 분이었다."

지금 생각해보면 단국대가 자율야구를 지향할 수밖에 없었던 건 열악한 훈련 환경도 한몫하지 않았나 싶다. 팀 훈련을 할 만한 연습 구장이 없어서 선수 개개인이 알아서 훈련하지 않으면 야구부 운영 자체가 어려웠을 것이다.

자율야구는 모험과도 같았다. 당시 운동선수들에게 자율은 생소하고 어색한 용어였다. 자율 훈련을 계속할 경우 대부분 선수가 이유 없이 죄책감을 느낄 만큼 익숙하지 않았다. 훈련 효과를 의심하는 사람도 많은데, 모 아니면 도다. 꾀를 부리는 사람은 한없이 나태해지고, 성실하면서 자기관리에 투철한 사람은 더 발전한다.

강문길 감독의 자율야구를 통해 발굴된 보물은 뭐니 뭐니 해도 이병규였다. 이병규는 강문길 감독의 배려로 대학 1학년 때부터 주전으로 뛰게 되었다. 대학 신입생이 타자로서 주전으로 뛰는 일은 흔치 않다. 더구나 이병규는 고교 시절 날리던 선수가 아니었다.

강문길 감독은 이병규의 잠재력을 일찌감치 꿰뚫고 있었다. 이병규를 주전으로 기용하면서 신뢰할 수 있는 선수라는 확신을 가진 것으로 보인다. 아마도 이병규의 빠른 발과 왼손 타자라는 점에서 가능성을 크게 보지 않았을까 하는 생각이 든다.

강문길 감독의 신뢰를 등에 업은 이병규는 그때부터 제 기량을 발휘하며 훨훨 날아올랐다. 대학 2학년이던 1994년에는 한 경기에서 11타점을 뽑아내는 괴력을 발휘했다. 대학야구 봄철리그 경남대와의 경기였다. 5타수 5안타를 기록하며 혼자서 11타점을 올렸다. 이병규에게 '한국의 이치로'라는 별명이 따라붙기 시작한 것이 이 시점이다. 국가대표로 선발된 것도 이때다. 여러 나라의 다양한 선수를 상대하면서 돈으로 환산할 수 없는 자신감을 얻게 되었다.

이병규도 강문길 감독에 대한 기억이 각별하다. 자신의 은퇴식 때는 여러 은사와 함께 초청해 감사 인사를 전하기도 했다.

"강문길 감독님이 나를 1학년 때부터 주전으로 뛰게 해주셨다. 항상 감사하게 생각한다. 이미 대학교 때부터 타석에서 자신감과 여유라는 게 생겼다.[99]"

그러나 이병규에 대한 편견을 가진 사람이 많다. 타고난 타격 천재라는 인상이 강하다. 마치 재능이 하늘에서 떨어진 것처럼 이야기하는 사람도 있다.

앞서 밝힌 것처럼 이병규는 고교 시절까지 날리던 선수가 아니었다.

대학 1학년부터 주전으로 활약하며 물오른 타격감을 발휘하기 시작했다. 뒤늦게 재능을 발견한 셈이다. 강문길 감독의 혜안이 KBO 리그의 또 다른 레전드를 발굴했다.

대학 진학 후 체격이 좋아진 것도 숨은 재능을 발견하는 계기가 되었다. 고교 시절에는 마르고 키만 커서 야구선수로서 상품성이 높아 보이지는 않았다. 그러나 단국대 진학 후에는 웨이트트레이닝 강도를 높여 근육질 몸으로 변신했다. 단국대 훈련이 선수들 자율에 맡기는 방식이다 보니 스스로 부족한 것들을 찾아서 집중적으로 연습할 수 있었는데, 이병규는 그것을 잘 활용했던 것으로 보인다.

그렇다면 초·중·고등학교에서 이병규를 가르쳤던 지도자들은 사람과 재능을 보는 눈이 없었던 걸까? 그렇지는 않다. 이병규는 초등학교 때 야구를 시작하기 전에 육상을 했을 만큼 선천적으로 빠른 발을 지녔다. 게다가 왼손 타자였기 때문에 야구선수로서 가능성이 무궁무진했다. 그걸 몰랐던 지도자는 아무도 없었을 것이다. 야구를 보는 관점과 철학이 달랐을 뿐이다.

시합 출전 기회를 잡지 못해서 늘 벤치를 지키는 선수들은 이병규의 성장 과정을 보며 자신감을 얻었으면 한다.

이병규는 고교 시절까지 이름을 날리지 못했던 것이 오히려 전화위복이 되었다. 승부보다 기본기 훈련에 충실할 수 있었고, 남들처럼 몸도 혹사당하지 않아서 성인 무대에서 오랫동안 건강하게 활동할 수 있었다.

내가 아는 선수 중에서 이병규만큼 대학 진학 후 많이 달라진 선수는 없다. 그냥 만들어진 재능이 아니다. 비결은 기본기와 철저한 자기관리였다. 이병규의 오래 숙성된 기본기는 대학 진학 후 깊은 맛을 내기 시작했다. 결코, 노력 없이 하늘에서 떨어진 재능이 아니다. 재능을 만들고 잠재력을 발휘하기까지 오랜 숙성 시간이 필요했다. 오로지 야구만 알았던 청년 이병규는 대학 1학년 때 찾아온 기회를 놓치지 않았다. 준비된 타격 천재다.

이병규의 성공 노트

기회 주는 지도자 만난 행운
기본기 위주의 꾸준한 훈련
아마추어 시절 혹사당하지 않은 몸
빠른 발 가진 왼손 타자
대학 진학 후 좋아진 체격
철저한 자리관리

늦깎이 프로골퍼
황인춘의 연습생 신화

황사모 후원으로 투어 경비 어렵게 마련

프로야구 선수 생활을 접고 골프채를 잡았다. 야구를 그만두는 순간 내 인생은 180도 바뀌어버렸다. 야구만을 바라보고 달려왔는데, 야구가 없는 내 인생은 앞이 보이지 않았다. 무엇보다 가족에게 미안했다. 부모님께는 성공한 뒤에 다시 찾아뵙겠다고 하면서 결별했고, 아내에겐 프로야구 선수들보다 성공할 테니 조금만 기다려달라고 했다. 아내는 마른하늘에 날벼락을 맞은 기분이었을 것이다. 그때 해연이는 이제막 세상 빛을 본 갓난아기였다. 내 결심은 단호했기에 누구도 내 마음을 돌려세우지 못했다.

이젠 야구장에 돌아가고 싶어도 돌아가지 못한다. 골프로 성공하지 못하면 난 인생 낙오자가 된다. 가족의 생계도 책임지지 못하는 무능력한 가장이 되고 만다. 난 그렇게 벼랑 끝에 내몰린 기분으로 골프장 연습생 생활을 시작했다.

내가 연습생으로서 두 번째로 정착한 곳은 강원도 홍천에 있는 오크밸리 리조트 골프장이었다. 처음에는 드라이빙레인지가 없는 곤지암 CC에서 연습생으로 일했다. 오크밸리로 옮긴 이유는 순전히 연습 환경 때문이었다. 400미터짜리 연습장이 있었고, 코스도 27홀이나 되었다. 지금은 54홀로 운영되고 있다. 난 그곳에서 잔디를 깎기도 하고 마샬을 하기도 했다. 연습장에서 일하면서 짬이 날 때마다 내 운동을 했다.

당시 오크밸리에는 연습생이 17~18명쯤 있었는데, 동갑내기 친구 황인춘도 그곳에서 처음 만났다. 황인춘은 세미프로였고, 나는 프로테스트를 준비하는 과정이었다. 그가 부럽지는 않았다. 난 오로지 투어프로가 될 생각이었기 때문에 세미프로는 프로라고 생각하지 않았다. 프로야구 선수를 뛰어넘기 위해선 반드시 투어프로가 되어서 정상에 올라야 한다는 생각뿐이었다. 우린 그곳에서 4년 동안 매일 6~7시간씩 함께 땀을 흘렸다.

황인춘이 골프를 시작한 건 군대를 전역한 뒤였다. 대학을 다니면서 아버지의 권유로 골프를 시작했다고 한다. 어릴 적 황인춘의 집은 제법 여유가 있는 가정이었는데, 집안 사정이 어려워지면서 부모님 도움 없이 홀로 연습을 시작하게 되었다.

황인춘은 2002년 29세에 투어프로가 되었고, 국내에서 통산 5승을 올렸다. 2007년에는 34세의 나이로 메리츠솔모로오픈에서 첫 우승을 차지했고, 2008년에는 메이저대회 GS칼텍스 매경오픈 정상에 올랐다. 통산 5승을 거머쥐었을 땐 44세였다. 그가 얼마나 피나는 노력을 하면서 자기관리에 투철했는지 알 수 있다.

그렇다고 인상이 강하거나 존재감이 있는 선수는 아니었다. 처음 만났을 땐 기억에 남는 이미지가 거의 없을 만큼 평범했다. 성격이 차분하고 성실해서 자기 할 일을 알아서 잘하는 연습생일 뿐이었다.

인상적이었던 건 독특한 연습 스타일이었다. 흔히 즐긴다는 말을 많이 하는데, 황인춘은 연습을 즐기지 않았다. 그와 라운드하면서 즐기는 모습을 한 번도 본 적이 없는 것 같다. 자신에게 부족한 것만 집중적으로 연습했기 때문에 대부분 하기 싫은 연습만 골라서 했다. 퍼팅이 안되는 날에는 퍼팅 연습에만 몰입했다.

예를 들면 70~80미터 피치샷이 안 되는 날에는 볼 몇 박스를 같은 자리에 모아 두고 미친 듯이 무한 반복연습했다. 그런 모습을 처음 보았을 땐 정말 미쳤거나 사연이 있는 사람일 것이란 생각이 들었다. 살자고 하는 연습인데, 당장 죽을 사람처럼 연습했으니 말이다.

서로에 대해 알게 된 것은 오크밸리에서 연습생을 시작하고 한참 뒤였다. 함께 라운드를 마치고 술 한 잔을 할 기회가 있었다. 그 자리에서 사적인 이야기를 나누다 보니 나와 같은 나이라는 걸 알게 되었다.

황인춘을 알기 전에는 세상에서 나만큼 사연 많은 사람은 없을 것 같았는데, 황인춘의 이야기를 들어보니 나만큼이나 사연이 많은 친구였다. 그래서 서로 의지하고 의지 되는 친구가 되었다. 우린 누가 먼저라고 할 것도 없이 서로 말을 편하게 했다. 나는 황인춘의 긍정 에너지를 받으며 고단한 연습생 생활을 이겨낼 수 있었다.

황인춘은 투어프로가 된 뒤 서울 강남구 논현동 올림픽콜로세움이라는 종합레포츠 시설 연습장에서 레슨프로로 일하면서 대회에 출전했다.

하지만 레슨보다 투어에 마음을 두고 있던 황인춘은 푼푼이 돈을 모아서 투어를 뛰는 데 쏟아부었다. 투어에 처음 출전했을 땐 성적이 나오지 않아 수입보다 지출이 훨씬 많았다. 프로 데뷔 후 줄곧 레슨과 대회 출전을 병행했지만, 주머니 사정은 나아지지 않았다. 레슨으로 번 돈은 대회 출전 경비로도 부족했다.

늦깎이 프로골퍼 황인춘이 KPGA 코리안투어에서 5승이나 올릴 수 있었던 원동력은 크게 네 가지로 정리할 수 있다.

첫 번째는 황사모(황인춘을 사랑하는 모임)의 적극적인 지지와 응원이다. 황사모는 2005년에 올림픽콜로세움 회원들을 주축으로 만들어진 팬클럽이다. 황인춘이 투어에서 활동하는 데 있어서 정신적인 힘이자 황인춘이라는 선수를 있게 해준 후원자들이다.

황인춘은 KPGA 코리안투어 데뷔 초기 투어를 뛸 경비가 없어 대회에 출전하지 못했다. 2003년에 정식 데뷔했는데, 2004년에는 대회 출전 기록이 없다. 투어 출전 경비가 없어서 대회에 출전하지 못했다. 그러다 황사모 회원들이 돈을 걷어 투어 경비를 마련해주면서 다시 대회에 출전할 수 있게 되었다.

두 번째는 성실성과 자기관리다. 황인춘은 투어에서 둘째가라면 서운할 만큼 자리관리가 투철한 선수다. 골프 외에는 다른 곳에 눈을 돌리지 않는다. 투어프로로 데뷔한 뒤에도 달라진 것이 전혀 없었다. 남에게 피해를 주거나 실례되는 행동도 일절 하지 않았다. 조용히 연습에만 몰두했다. 지나칠 만큼 겸손하고 꾸밈이 없어서 투어프로답지 않다는 소리를 듣기도 했다.

한국오픈에서 황인춘의 캐디로서 백을 메준 적이 있다. 클럽을 챙겨주고 퍼트 라인을 읽으며 공도 닦아서 건네주었는데, 갤러리로서 경기를 지켜보던 황인춘의 아내는 "누가 선수이고 누가 캐디인지 모르겠다"라며 우스개를 던지기도 했다.

나는 필드에 나갈 때 외모에 신경을 많이 쓰는 편이다. 눈에 보이지 않는 곳까지 신경을 쓴다. 캐디로서 나가더라도 마찬가지다. 한국오픈 같은 메이저대회에선 말할 것도 없다. 그날 주인공은 황인춘이었는데, 조연이 주연을 밀어낸 것 같아서 '이래도 되는 건가?' 하는 마음이 들기도 했다.

세 번째는 단점을 극복하려는 노력이다. 황인춘은 자신의 단점을 잘 알고 있었다. 집중력과 멘탈은 좋았으나 쇼트 게임에 약점이 있었다. 연습 땐 자신이 부족하다고 느끼는 것만 집중적으로 파고들었다. 퍼팅이 안 되면 퍼팅 연습에만 매달렸다.

황인춘을 처음 봤을 때는 이미 세미프로였기 때문에 언더파를 쳤지만, 스윙은 엉성해 보였다. 그러나 시간이 지날수록 스윙이 잡히는 것이 보였다. 스윙 감각이나 골프에 대한 센스가 좋았던 것인지 문제점을 찾아내면 수정해나가는 속도가 빨랐다.

네 번째는 피칭만큼이나 정교한 롱게임이다. '드라이버가 피칭웨지보다 정확하다'라는 말이 나올 만큼 롱게임을 잘했다. 황인춘을 처음 봤을 때도 롱게임에 특기가 있었는데, 연습하면서 롱게임이 더 좋아졌다.

그렇다 해도 황인춘이 투어에서 우승까지 할 실력은 아니라고 생각했다. 골프를 늦게 시작한 데다 프로 데뷔도 늦어서 우승을 기대하기는 어려웠다. 게다가 투어 경비를 마련하기 위해 레슨을 하며 돈을 모으는 처지였기 때문에 너무나도 불리한 여건이었다. 오직 성실성과 꾸준한 연습으로 불가능에 가까웠던 일들을 가능으로 만들었다.

늦은 나이에 골프를 시작해 경제적 어려움을 겪고 있는 프로골퍼들에게는 좋은 본보기가 될 것 같다. 내가 가지고 있던 골프의 수많은 편견을 깨트린 훌륭한 선수다.

황인춘의 성공노트

황사모의 헌신적인 응원
성실성과 철저한 자기관리
자기 자신에게 혹독한 성격
순수하고 거짓 없는 마음
안 되면 될 때까지 하는 집요함
피칭만큼이나 정교한 롱게임

공황장애 극복한
긍정의 아이콘, 문경준

"운동 늦게 시작해도 투어 우승할 수 있어!"

내가 문경준을 처음 본 곳은 인천 영종도의 스카이72 골프장이다. 2006년쯤으로 기억한다. 문경준은 그곳에서 마샬로 일을 도와주면서 운동하는 연습생이었다.

고등학교 1학년까지 테니스 선수였던 문경준은 경기대학교 2학년 때 교양과목으로 골프 수업을 들으면서 골프채를 처음 잡았고, 4년 만에 프로로 전향했다. KPGA 코리안투어 데뷔 후에는 무난한 성적이 나와서 골프가 쉽게 느껴졌다고 한다. 그러나 2007년 메리츠 솔모로오픈에서 다잡았던 우승을 놓치면서 공황장애가 오기 시작했다.

처음엔 아무런 이유 없이 심장이 두근거리더니 가슴이 답답하고 울렁거리는 증상이 나타났다. 시간이 갈수록 증세는 심해져서 구토를 하고 쓰러진 적도 있었다. 운전하면서 위험을 느끼고 차를 세운 적도 여러 번이었다.

늦은 나이에 자수성가해서 골프를 시작한 터라 경제적으로도 어려웠다. 어릴 적 문경준의 집은 제법 잘 사는 가정이었지만, 국제통화기금 IMF 구제금융 여파로 아버지 사업이 부도나면서 가세가 기울었다. 골프를 시작한 후에는 집안의 도움을 전혀 받지 못했다. 친구들과 주변 사람들의 도움으로 간신히 골프를 할 수 있었다.

공황장애와 경제적 어려움이라는 이중고에 시달리던 문경준은 사회복무요원으로 입대하면서 골프채를 손에서 놓았다. 오래 꿈꿔왔던 투어 우승의 꿈이 멀어지는 듯했다. 그러나 군 복무 기간에 공황장애가 나아지면서 오히려 멘탈을 키울 수 있었다. 제대 후 2012년에는 투어에 복귀해 제2의 도전에 나섰다. 그때 문경준의 나이는 31살이었다.

그랬던 그가 2015년 프로 데뷔 10년 만에 메이저대회 매경오픈을 제패했다. 2014년에 상금순위를 7위까지 끌어올리더니 2015년에는 자신의 평생소원이었던 투어 우승 꿈을 이뤘다. 그해 일본프로골프투어 JGTO까지 진출해 종횡무진 활약했다.

늦은 나이에 골프를 시작해 경제적 어려움과 공황장애까지 겪으며 선수 생활 최대 위기에 몰렸던 그가 투어에서 재기하며 정상급 선수가 될 수 있었던 원동력은 무엇일까? 크게 네 가지로 설명할 수 있다.

첫 번째는 가족의 힘이다. 문경준은 군 복무 중이던 2011년에 지금의 아내 곽은미 씨와 결혼했다. 결혼 후 가장이 되고 아이까지 생기면서 '더는 약해지지 말자'라고 다짐한다. 부정적이던 생각도 긍정적으로 바뀌었다.

무엇보다 아내의 내조가 공황장애 극복에 큰 힘이 되었다. 위축되어 있던 문경준에게 늘 좋은 이야기를 들여주면서 넓은 세상으로 나아가게 했다.

두 번째는 어릴 적 시작한 테니스다. 문경준은 골프 시작과 동시에 두각을 나타낼 만큼 소질을 보였지만, 천재성이 있어 보이지는 않았다. 어릴 적부터 테니스를 해서 공에 대한 집중력과 움직이는 공을 맞히는 재능이 있었다. 지면에 놓인 공을 치는 골프는 쉽게 느껴졌을 것이다. 나 역시 야구를 하면서 빠르게 움직이는 공을 치다가 지면에 놓인 공을 맞히는 건 너무나도 쉬웠다.

문제는 공을 잘 치려고 할수록, 스코어가 낮아질수록, 연륜이 쌓일수록 더 어려워진다는 점이다. 문경준은 성장이 빨랐던 만큼 시련도 빨리 겪었다. 공황장애까지 겪으면서 골프 인생 최대 위기에 몰렸으나 특유의 성실성과 인내력으로 슬럼프를 극복했다.

세 번째는 긍정적인 성격과 바른 인성이다. 문경준은 웃는 얼굴이 트레이드마크. 그의 웃는 얼굴을 보면 마음이 끌리지 않을 수 없다. 선한 눈빛과 매력적인 보조개 미소가 초면인 사람도 무장해제시킨다. 좋은 인상만큼 성격도 좋다. 어디에서 누굴 만나도 쉽게 친해진다. 매너도 좋아서 남에게 피해를 주는 일이 없다. 문경준의 긍정적인 성격은 어려운 환경을 극복하는 가장 중요한 무기였다.

문경준은 라운드 중에도 코스에 버려진 담배꽁초를 줍는 선수로 유명하다. 프로골퍼 선배 남영우가 라운드 중에 쓰레기 줍는 모습을 보며 따라 하게 되었다. '내가 솔선수범하면 후배들이 꽁초를 함부로 버리지는 못하겠지'라는 생각에 계속해서 휴지와 꽁초를 주웠다. 이 같은 문경준의 솔선수범은 2014년 KPGA 대상 시상식 해피투게더 상으로 이어졌다.

네 번째는 뚜렷한 목표와 계획이다. 문경준을 잘 알지 못했을 때도 인상적인 한 가지가 있었다. 투어 우승이라는 목표가 뚜렷했다는 점이다. 내가 문경준을 처음 봤을 땐 아직 투어프로가 아니었고, 운동 환경도 좋지 않아서 투어 우승은 요원한 꿈처럼 보였다.

문경준의 성공 노트

고교 1학년 때까지 테니스 선수
긍정적인 마인드
순수하고 착한 성품
아내의 적극적인 내조
공황장애 극복으로 탄탄해진 멘탈
뚜렷한 목표와 계획
골프에 대한 자신만의 신념과 철학

그러나 문경준은 늘 밝은 얼굴로 자신의 꿈을 망설임 없이 드러냈다. '어디서 저런 당당함이 나올까?' 하는 생각이 들기도 했다. 꿈을 이루기 위해 구체적인 목표와 계획을 세워서 성실하게 앞으로 나아가는 모습도 보기가 좋았다.

문경준은 평범한 선수도 엘리트 선수를 이길 수 있다는 운동 철학과 신념을 가지고 있다. 어린 나이에 일찌감치 운동을 시작하지 않아도 투어에서 우승할 수 있다는 것이다.

"롱런하는 선수는 오히려 늦게 시작하고 힘들게 운동한 경우가 많다. 롤 모델인 최경주, 김형성 선배도 그렇고 양용은 선배도 그렇다. 또 한국 골프의 전설 최상호 선배도 그렇다.[100]"

어려운 환경에서 꿈을 키워가는 어린 선수들이 반드시 본받았으면 하는 선수다.

아빠와 딸의 대화

성공한 운동선수들의 공통점

조해연   아빤 성공한 운동선수들의 공통점이 있다고 생각해요?

조 현   모든 선수의 공통점이라고 할 수는 없지만, 성공한 대부분의 선수는 루틴이 있고, 멘탈이 좋아. 내가 알고 있는 선수 중에서 멘탈이 좋지 않은데 성공한 사람은 없는 것 같아. 그래서 아빠는 루틴과 멘탈을 중요시해. 일상생활이든 훈련이든 꾸준함과 강한 멘탈이 정말 답인 것 같아.

조해연   멘탈은 정말 인정이요. 멘탈 꺾이면 시합뿐만 아니라 훈련할 때도 망가지더라고요. 일상생활에도 문제가 생겨요. 그래서 사람들이 멘탈, 멘탈 하는 것 같아요.

조해연   또 다른 공통점은 없어요?

조 현   승부욕이 강해. 성공한 운동선수들은 승부욕이 엄청나게 강해. 보통 사람들과는 달라. 아빠도 어릴 적엔 승부욕이 엄청 강했어. 초등학교 시절에는 홈런을 치면 교장 선생님이 동화책을 선물 주셨어. 다른 친구들은 몇 권씩 받았는데 나만 못 받은 거야. 그날 이후부터 야간연습을 손에 피가 나도록 해서 나중에는 내가 동화책을 제일 많이 받았던 기억이 나네. 뭘 하든 일단 이기고 볼 일이야.

조 현   요즘 아이들은 재능을 가장 중요한 성공의 조건으로 꼽는다고 하던데, 해연이는 어떻게 생각하니?

조해연   아이마다 생각이 다르겠죠. 재능 탓만 하면서 노력 안 하는 아이도 있고, 재능과 상관없이 자기가 좋아서 열심히 하는 아이도 있으니까요. 재능이 중요하지만, 그게 성공을 보장하는 것도 아니잖아요. 재능이 있는 아이도 그걸 발굴하고 꾸준히 노력해야 꿈을 이룰 수가 있으니까. 재능이 없는 아이보다 조금 유리한 정도?

조 현   아빠도 비슷한 생각이야. 아빠가 어릴 적에 함께 운동했던 아이들을 보더라도 사람 일은 모르겠더라. 재능이 없어 보이던 아이가 성인이 되어서 잘 하기도 하고, 천재라고 생각했던 아이가 성인 무대에서 도태되기도 해. 재능이 있는 사람이나 없는 사람이나 운동선수의 길은 어렵고 험난하지.

조해연   그렇게 힘든 운동선수의 길을 왜 나한테 걷게 하려 했어요?

조 현   누군가에게는 가장 어려운 길이겠지만, 다른 누군가에겐 가장 즐겁고 행복한 길이 될 수도 있겠지. 타고난 운동신경만이 재능이라고 할 수는 없어. 꾸준히 노력하는 것도, 즐기는 것도 재능이야. 노력으로 길러지는 재능도 재능인 거지. 노력할수록 끝도 없이 발굴할 수 있는 게 사람의 재능인 것 같아. 해연이한테는 수많은 재능이 보였는데, 네가 원한다면 그 재능을 발굴하는 일을 같이 해주고 싶었어. 그 과정에서 아빠의 욕심이 전혀 없었다고 할 수는 없지만, 그때마다 초심으로 돌아가서 한 가지만 생각했다. 이 길이, 이 선택이 나와 해연이와 우리 가족 모두를 행복하게 할 수 있는지를….

1　김봉년 저, 『나보다 똑똑하게 키우고 싶어요』, 디자인하우스, 2019년, 19~20쪽.

2　제임스 웨브 외 저, 지형범 역, 『영재 공부』, 2016년, 매경출판, 25쪽.

3　김봉년 저, 『나보다 똑똑하게 키우고 싶어요』, 디자인하우스, 2019년, 20쪽.

4　제임스 웨브 외 저, 지형범 역, 『영재 공부』, 매경출판, 2016년, 35쪽.

5　오상민, 〈[오상민의 사람수첩] 선수에서 지도자 겸 사업가로 변신한 강욱순, "힘들지만 큰 보람 느껴!"〉, 《관광레저신문》, 2022년 11월 3일.

6　앨리사 쿼트 저 · 박지웅 역, 『영재부모의 오답백과』, 알마, 2009년, 153쪽.

7　Mihaly Csikszentmihalyi 외, 『Talented Teenagers : The Roots of Success and Failure』, Cambridge, 2000 Years, 319p.

8　제임스 웨브 외 저, 지형범 역, 『영재 공부』, 매경출판, 2016년, 31쪽.

9　이상훈이 2022년 9월 23일 업로드된 유튜브 《스톡킹》 〈이상훈 편〉에 출연해서 한 말.

10　오상민, 〈[오상민의 사람수첩] 선수에서 지도자 겸 사업가로 변신한 강욱순, "힘들지만 큰 보람 느껴!"〉, 《관광레저신문》, 2022년 11월 3일.

11　손웅정, 『모든 것은 기본에서 시작한다』, 수오서재, 2021년, 28~30쪽.

12　이종범이 2022년 7월 23일 업로드된 유튜브 《스톡킹》 〈이종범 편〉에 출연해 한 말.

13　오승환 · 이성훈 · 안준철, 『순간을 지배하라』, RHK, 2015년. 28쪽.

14　황재균이 2021년 4월 4일 업로드된 유튜브 《스톡킹》 〈황재균 편〉에 출연해 한 말.

15　김태훈 저, 『야구하자, 이상훈』, 소동, 2019년, 61쪽.

16　김태훈 저, 『야구하자, 이상훈』, 소동, 2019년, 77~78쪽.

17　한준 저, 『호날두는 우리와 무엇이 다른가』, 브레인스토어, 2014년, 57쪽.

18　정지훈, 〈[정지훈의 HIS-tory] 희귀병 극복하고 신이 된 남자, 리오넬 메시〉, 《인터풋볼》, 2017년 3월 2일.

19　루카 카이올리 저, 강세황 · 김민섭 역, 『메시 축구의 神』, 중앙생활사, 2010년, 284쪽.

20　이시이 나오카타 저, 윤혜림 · 강효림 역, 『내 아이 숨은 능력을 깨워주는 어린이 근력 트레이닝』, 전나무숲, 2013년, 63쪽.

21　〈게임중독 부작용 '주의', 어릴 때부터 관리해야〉, 《매일경제》, 2017년 11월 9일.

22 박용택 저, 『오늘도 택하겠습니다』, 글의온도, 2021년, 80쪽.

23 이시이 나오카타 저, 윤혜림 · 강효림 역, 『내 아이 숨은 능력을 깨워주는 어린이 근력 트레이닝』, 전나무숲, 2013년, 61쪽.

24 이시이 나오카타 저, 윤혜림 · 강효림 역, 『내 아이 숨은 능력을 깨워주는 어린이 근력 트레이닝』, 전나무숲, 2013년, 66쪽.

25 손웅정, 『모든 것은 기본에서 시작한다』 수오서재, ,2021년, 116쪽.

26 데이비드 엡스타인 저 · 이한음 역, 『늦깎이 천재들의 비밀』, 열린책들, 2020년, 12쪽.

27 데이비드 엡스타인 저 · 이한음 역, 『늦깎이 천재들의 비밀』, 열린책들, 2020년, 20쪽.

28 데이비드 엡스타인 저 · 이한음 역, 『늦깎이 천재들의 비밀』, 열린책들, 2020년, 21쪽.

29 이시이 나오카타 저, 윤혜림 · 강효림 역, 『내 아이 숨은 능력을 깨워주는 어린이 근력 트레이닝』, 전나무숲, 2013년, 72쪽.

30 조엘 피시 · 수잔 매기 저, 백종원 역, 『스포츠영재로 키우는 엄마의 101가지 방법』, 열음사, 2008년, 38쪽.

31 이정우, 〈[이정우의 스포츠 랩소디] 동계 최강 노르웨이가 우리에게 주는 교훈〉, 《일간 스포츠》, 2022년 3월 2일.

32 나무위키.

33 ウィキペディア.

34 루카 카이올리 저, 강세황 · 김민섭 역, 『메시 축구의 神』, 중앙생활사, 2010년, 13쪽.

35 손웅정 저, 『모든 것은 기본에서 시작한다』, 수오서재, 2021년, 97쪽.

36 고마다 미쓰오 저, 안중식 역, 『야구천재 이치로와 99%의 노력』, 지식여행, 2004년, 60~61쪽.

37 김권수 저, 『빅브레인』, 책들의정원, 2018년, 122쪽.

38 김권수 저, 『빅브레인』, 책들의정원, 2018년, 122~123쪽.

39 루카 카이올리 저, 강세황, 김민섭 역, 『메시 축구의 神』, 중앙생활사, 2010년, 282쪽.

40 김태훈 저, 『야구하자 이상훈』, 소동, 2019년, 소동, 56쪽.

41 김태훈 저, 『야구하자 이상훈』, 소동, 2019년, 소동, 97쪽.

42 이용규가 2022년 7월 9일 업로드된 《스톡킹》, 〈이용규 편〉에 출연해 한 말.

43 이봉주 저, 『봉달이의 4141』, 어깨동무, 2010. 18쪽.

44 이종범이 2022년 7월 23일 업로드된 유튜브 《스톡킹》, 〈이종범 편〉에 출연해 한 말.

45   이종범이 2022년 7월 23일 업로드된 유튜브 《스톡킹》, 〈이종범 편〉에 출연해 한 말.

46   브라이언 오서 저, 권도희 역, 『한 번의 비상을 위한 천 번의 점프』, 웅진지식하우스, 2009년, 29쪽.

47   루카 카이올리 저, 강세황 · 김민섭 역, 『메시 축구의 神』, 중앙생활사, 2010년, 16쪽.

48   강욱순 저, 『강욱순의 건강골프』, 유니콘, 2017년, 70~72쪽.

49   보도 섀퍼 저, 박성원 역, 『멘탈의 연금술』, 토네이도미디어그룹, 2020년, 45쪽.

50   박용택 저, 『오늘도 택하겠습니다』, 글의온도, 2021년, 62쪽.

51   박용택 저, 『오늘도 택하겠습니다』, 글의온도, 2021년, 62~63쪽.

52   보도 섀퍼 저, 박성원 역, 『멘탈의 연금술』, 토네이도미디어그룹, 2020년, 195쪽.

53   박용택 저, 『오늘도 택하겠습니다』, 글의온도, 2021년, 56~57쪽.

54   이종범이 2022년 7월 23일 업로드된 유튜브 《스톡킹》, 〈이종범 편〉에 출연해 한 말.

55   구대성이 2022년 9월 16일 업로드된 유튜브 《스톡킹》, 〈구대성 편〉에 출연해 한 말.

56   오상민 저, 『일본 열도를 뒤흔든 한국의 골프 여제들』, 소명출판, 2021년, 122~136쪽.

57   보도 섀퍼 저, 박성원 역, 『멘탈의 연금술』, 토네이도미디어그룹, 2020년, 163~164쪽.

58   박용택 저, 『오늘도 택하겠습니다』, 글의온도, 2021년 36쪽.

59   현정화가 2022년 1월 4일 방송된 E채널 〈노는언니2〉에 출연해 한 말.

60   오상민 저, 『일본 열도를 뒤흔든 한국의 골프 여제들』, 소명출판, 2021년, 122~136쪽.

61   양지혜, 〈도쿄올림픽 이끈 '럭비 히딩크'의 쓴소리 "한국 럭비, 뜯어고쳐야 더 잘 된다〉, 《조선일보》, 2021년 9월 11일.

62   브라이언 오서 저 · 권도희 역, 『한 번의 비상을 위한 천 번의 점프』, 웅진지식하우스, 2009년, 120~121쪽.

63   권혜숙 저, 『영재를 이해하는 부모, 영재로 착각하는 부모』, 루비박스, 2012년, 93쪽.

64   권혜숙 저, 『영재를 이해하는 부모, 영재로 착각하는 부모』, 루비박스, 2012년, 89쪽.

65   김권수 저, 『빅브레인』, 책들의정원, 2018년, 139쪽.

66   이종범이 2022년 7월 23일 업로드된 유튜브 《스톡킹》 〈이종범 편〉에 출연해 한 말.

67   손웅정 저, 『모든 것은 기본에서 시작한다』, 수오서재, 2021년, 99쪽.

68   손찬익, 〈지일파 야구인이 말하는 160㎞, 한국과 일본의 차이 [韓日 투수 160㎞ ①]〉, 《OSEN》, 2022년 6월 14일.

69   고마다 미쓰오 저, 안중식 역, 『야구천재 이치로와 99%의 노력』, 지식여행, 2004년,

32쪽.

70   고마다 미쓰오 저, 안중식 역,『야구천재 이치로와 99%의 노력』, 지식여행, 2004년,
      33~34쪽.

71   대니얼 코일 저, 이지민 역,『재능을 단련시키는 52가지 방법』, 신밧드프레스, 2016년,
      45쪽.

72   김봉년 저,『나보다 똑똑하게 키우고 싶어요』, 디자인하우스, 2019년, 235~237쪽.

73   이대형이 2020년 4월 30일 업로드된 유튜브《스톡킹》〈이대형 편〉에 출연해 한 말.

74   가인 앨런 스테인 주니어 외 저, 엄성수 역,『승리하는 습관 : 승률을 높이는 15가지 도
      구들』, 갤리온, 2020년, 53쪽.

75   브라이언 오서 저 · 권도희 역,『한 번의 비상을 위한 천 번의 점프』, 웅진지식하우스,
      2009년, 53~54쪽.

76   김태훈 저,『야구하자, 이상훈』, 소동, 2019년, 63~65쪽.

77   김태훈 저,『야구하자, 이상훈』, 소동, 2019년, 96쪽.

78   이상훈이 2022년 9월 23일 업로드된 유튜브《스톡킹》〈이상훈 편〉에 출연해 한 말.

79   김성근 · 김인식 외,『김성근 · 김인식의 감독이란 무엇인가』, 새잎, 2012년, 22쪽.

80   2022년 9월 15일 방송된 SBS 뉴스 인터뷰.

81   조엘 피시 · 수잔 매기 저, 백종원 역,『스포츠 영재로 키우는 엄마의 101가지 방법』, 열
      음사, 2008년, 34쪽.

82   고마다 미쓰오 저, 안중식 역,『야구천재 이치로와 99%의 노력』, 지식여행, 2004년,
      30~31쪽.

83   고마다 미쓰오 저, 안중식 역,『야구천재 이치로와 99%의 노력』, 지식여행, 2004년,
      30~31쪽.

84   조엘 피시 · 수잔 매기 저, 백종원 역,『스포츠영재로 키우는 엄마의 101가지 방법』, 열
      음사, 2008년. 29쪽.

85   이종범이 2022년 7월 23일 업로드된 유튜브《스톡킹》〈이종범 편〉에 출연해 한 말.

86   양준혁이 2022년 2월 26일 업로드된 유튜브《스톡킹》〈양준혁 편〉에 출연해 한 말.

87   최종문, 〈[최종문의 편편야구] 양준혁 "아버지는 내 야구의 힘"〉,《매일신문》, 2007년
      11월 9일.

88   김경윤, 〈[프로야구 40돌] ③ 양적 팽창과 부실한 내적 성장…40년의 명암〉,《연합뉴

스》, 2022년 1월 1일.

89   장환수, 〈손흥민보다 연봉이 많은 한국 선수가 한둘이 아니라고?[장환수의 수(數)포츠〉, 《동아일보》, 2022년 6월 1일.

90   김경윤, 〈[프로야구 40돌] ③ 양적 팽창과 부실한 내적 성장…40년의 명암〉, 《연합뉴스》, 2022년 1월 1일.

91   김지훈, 〈美스포츠 조기교육 인기〉, 《연합뉴스》, 2010년 12월 2일.

92   오병주, 〈미국 스포츠 조기교육 열풍〉, 《중앙일보》, 2002년 6월 11일.

93   김학수, 〈[김학수의 사람 '人'] "운동 선수에게 공부를 하라는 것은 일반 학생에게 운동을 하라는 것과 똑같다. 양쪽 모두 병행하는 것은 쉽지 않다"…경기대 배구팀 신경수 감독〉, 《마니아타임즈》, 2022년 4월 23일.

94   오상민 저, 『일본 열도를 뒤흔든 한국의 골프 여제들』, 소명출판, 2021년, 293~307쪽.

95   이종욱, 〈K리그 클래식 '포항 돌풍' 숨은 동력 따로 있었네…〉, 《경북일보》, 2013년 3월 20일.

96   나무위키.

97   최현길, 〈[최현길의 스포츠에세이] 스카우트 파동 30년, 드디어 빛 보는 '비운의 천재' 김종부〉, 《스포츠동아》, 2017년 10월 17일.

98   유인경, 〈김봉연 "등번호 물려준 호성이…어이없고 속상"〉, 《경향신문》, 2008년 3월 19일.

99   윤욱재, 〈'L~G의 이병규' 전설의 대물림을 꿈꾼다〉, 《마이데일리》, 2017년 11월 29일.

100   성승환, 〈매경오픈 챔피언 문경준 10년 만의 환희, 불가능은 없다〉, 《골프한국》, 2015년 7월 17일.